GW01465832

Eberhard der Deutsche
Laborintus

Nach dem Text von Edmond Faral herausgegeben, übersetzt und kommentiert von Justin Vollmann

Schwabe Verlag

Publiziert mit Unterstützung der Patrum Lumen Sustine-Stiftung, Basel

Gedruckt mit Unterstützung der Berta Hess-Cohn Stiftung, Basel

FSC
MIX
Papier aus verantwor-
tungsvollen Quellen
www.fsc.org FSC® C083411

Bibliografische Information der Deutschen Nationalbibliothek
Die Deutsche Nationalbibliothek verzeichnet diese Publikation in der Deutschen Nationalbibliografie;
detaillierte bibliografische Daten sind im Internet über http://dnb.dnb.de abrufbar.

Abbildung Umschlag: ©JOHN KELLERMAN / Alamy Stock Foto
Umschlaggestaltung: icona basel gmbh, Basel
Layout: icona basel gmbh, Basel
Satz: Schwabe Verlag, Berlin
Druck: CPI books GmbH, Leck
Printed in Germany
ISBN Printausgabe 978-3-7965-4085-1
ISBN eBook (PDF) 978-3-7965-4135-3
DOI 10.24894/978-3-7965-4135-3
Das eBook ist seitenidentisch mit der gedruckten Ausgabe und erlaubt Volltextsuche.
Zudem sind Inhaltsverzeichnis und Überschriften verlinkt.

rights@schwabe.ch
www.schwabeverlag.ch

Inhalt

Vorwort

Hätten es sich die Teilnehmerinnen einer von mir im Sommersemester 2014 an der Uni Tübingen angebotenen Lehrveranstaltung zu mittellateinischen Poetiken nicht schon in der ersten Sitzung in den Kopf gesetzt, ausgerechnet den *Laborintus* Eberhards des Deutschen näher kennenzulernen, wäre es kaum zu dieser Publikation gekommen. Ganz besonders der tatkräftigen Unterstützung und dem ansteckenden Enthusiasmus Thalia Vollstedts ist es zu verdanken, dass das Projekt auch im Lauf der folgenden Semester nicht etwa versandete, sondern soweit Gestalt annahm, dass es nun das Licht der Öffentlichkeit erblicken darf.

Für wertvolle Hinweise danke ich den Teilnehmerinnen und Teilnehmern des von Jan Stellmann und mir geleiteten Tübinger mediävistischen Arbeitskreises, in dem wir die Übersetzung nochmals gründlich durchgegangen sind. Hilfe in einigen besonders kniffligen Fällen erhielt ich von Ernst A. Schmidt, dem ich mich ebenfalls zu großem Dank verpflichtet weiß. Alle Fehler, die dennoch stehengeblieben sind, gehen selbstverständlich auf mein eigenes Konto.

Susanne Franzkeit und Arlette Neumann danke ich für die Aufnahme ins Programm des Schwabe Verlags und für die sorgfältige Betreuung. Die Publikation wurde gefördert durch die Patrum Lumen Sustine-Stiftung, Basel. Gedruckt wurde das Buch mit Unterstützung der Berta Hess-Cohn Stiftung, Basel. Beiden Stiftungen gilt mein besonderer Dank.

Einleitung

Der zwischen 1212 und 1280 entstandene *Laborintus* Eberhards des Deutschen ist nicht weniger originell als sein Titel, der den modernen Leser von fern an die labyrinthische Bibliothek in Umberto Ecos *Name der Rose* erinnern mag. Auch Eberhards *Laborintus* enthält zahlreiche Bücher, gelesene wie ungelesene, und obwohl es hier keine Morde aufzuklären gilt, ist der Text für eine Dichtungslehre bemerkenswert narrativ. Erzählt wird die Geschichte eines armen Schulmeisters, dessen Weg von diversen allegorischen Instanzen gesäumt ist: Natura, die dem noch Ungeborenen ein schlechtes Horoskop ausstellt und der schwangeren Mutter entsprechende Traumbilder einimpft; Fortuna, die den Neugeborenen mit ihrem Willkürregime vertraut macht; Philosophia, die ihre Töchter, die sieben freien Künste, zusammenruft, um den Heranwachsenden aus den Brüsten der niedrigsten unter ihnen trinken zu lassen; Grammatica, die den künftigen Lehrer sowohl fachlich als auch didaktisch instruiert; ihre Dienerin Poesis, der die eigentliche Dichtungslehre in den Mund gelegt ist; schließlich Elegia, die nicht nur ausführlich Klage über das trostlose Dasein des Schulmeisters führt, sondern als Gattungspersonifikation schon im Prolog dafür sorgt, dass der (mit dem Schulmeister zu identifizierende) Dichter sein Werk überhaupt in Angriff nimmt.

Wenn der *Laborintus* hier erstmals in deutscher Übersetzung vorgelegt wird, dann in der Überzeugung, dass er eine breitere Rezeption verdient hätte, als sie ihm vonseiten der Forschung bisher zuteilgeworden ist. Gerade der ‚labyrinthisch‘ anmutende Aufbau ist, wie ich zu zeigen hoffe, nicht bloß unterhaltsam, sondern durchaus programmatischer Natur. Um den *Laborintus* besser einordnen zu können, werde ich zunächst die Gattung der mittelalterlichen Poetiken grob umreißen. Es folgen ein paar knappe Informationen zu Autor, Datierung, Titel, Überlieferung, Rezeption sowie Ausgaben und Übersetzungen des *Laborintus*, bevor ich mich der Beurteilung und Interpretation des Texts zuwende. Die Übersetzung selbst ist darum bemüht, die manchmal sperrige Metaphorik des lateinischen Originals nicht unnötig zu glätten; so soll, um nur ein Beispiel zu nennen, der Dichter seinen Gegenstand nicht etwa „in elegischen Distichen behandeln", sondern „mit der Ungleichheit der Füße durchpflügen" (V. 8). Alle zum Verständnis notwendigen Informationen finden sich dann aber im Stellenkommentar, der neben sprachlichen vor allem auch sachliche Erläuterungen bietet. Drei Register – zu Autoren und Werken, zu Eigennamen und zu Bibelstellen – sollen dabei helfen, den Text samt Stellenkommentar so rasch wie möglich zu erschließen.

1 Mittelalterliche Poetiken

Der *Laborintus* ist eine von sechs lateinischen Poetiken, die das Mittelalter hervorgebracht hat. Die anderen fünf sind die folgenden: erstens die vor 1175 entstandene *Ars versificatoria* des Matthäus von Vendôme; zweitens die um 1210 entstandene *Poetria nova* Galfrids von Vinsauf;[1] drittens das ebenfalls von Galfrid verfasste *Documentum de modo et arte dictandi et versificandi*; viertens die ca. 1215 entstandene *Ars versificaria* des Gervasius von Melkley; fünftens die ca. 1234 entstandene *Parisiana Poetria* des Johannes von Garlandia. Die mit Abstand erfolgreichste unter ihnen ist Galfrids *Poetria nova*, so benannt in Abgrenzung zu keiner geringeren als der alten *Ars poetica* des Horaz (die *Poetik* des Aristoteles war dagegen im Mittelalter kaum bekannt). Gerade für den deutschen Sprachraum ist aber auch der *Laborintus* von kaum zu überschätzender Bedeutung.

Wie ist das Entstehen dieser sechs Poetiken im Zeitraum von nur ca. sechzig bis hundert Jahren (je nach Datierung des *Laborintus*) zu erklären? Man wird an den enormen Aufschwung erinnern dürfen, den die Dichtkunst in dieser Zeit genommen hat[2] (ein Aufschwung, der sich nicht zuletzt auch in den Volkssprachen niederschlägt, die freilich ihre eigenen Poetiken erst frühestens im Übergang zur Renaissance hervorbringen).[3] Als ein Meilenstein darf die vor 1147 entstandene *Cosmographia* des Bernardus Silvestris gelten, die mit ihrer allegorischen Erzählung von der Erschaffung des Makrokosmos und des Mikrokosmos durch die göttliche Vorsehung und durch die personi-

---

1   Frühdatierung der *Poetria nova* (um 1200) bei Haye 2009, S. 177–182.
2   Klopsch 1980, S. 83–109.
3   Zu den volkssprachigen Poetiken Kelly 1991, S. 146–179.

fizierte Natur einen quasi wissenschaftlichen Anspruch der Dichtkunst begründen half. Wenn Bernardus zuweilen als Verfasser einer eigenen Poetik genannt wird, dann könnte damit eben jene als vorbildhaft empfundene *Cosmographia* gemeint sein,[4] und es ist bezeichnend, dass der Verfasser der ersten ‚richtigen' Poetik, die uns überliefert ist, Matthäus von Vendôme, ein Schüler von Bernardus war.

Entspringt mithin das Aufkommen der neuen Poetiken in erster Linie einem praktischen Bedürfnis, so bereitet die theoretische Einordnung der entsprechenden Disziplin gewisse Schwierigkeiten. Während „die spätantike Einbeziehung der Poetik in die Artes […] sich in der Theorie so aus[wirkt], dass in den Wissenschaftssystemen im allgemeinen die Poetik im Gefolge der Grammatik auftritt, ihre Regeln dagegen die der Rhetorik sind, ergänzt durch die der Metrik",[5] wird die Poetik in den aristotelisch inspirierten Wissenseinteilungen des 12. Jahrhunderts einmal der Grammatik untergeordnet, ein andermal mit der Rhetorik zusammengespannt, ein drittes Mal gar als eine von Grammatik und Rhetorik unabhängige Disziplin geführt.[6]

In diesem Zusammenhang ist es wichtig, sich die prinzipielle Produktionsorientiertheit der betreffenden Poetiken vor Augen zu halten: Es ging nicht primär darum, vorhandene Texte zu analysieren, sondern neue Texte zu verfertigen. Hier war eigentlich die Rhetorik die zuständige Disziplin, die sich von jeher mit Fragen der Themenfindung, der Gliederung, der sprachlichen Ausformulierung, aber auch des Memorierens und des mündlichen Vortrags beschäftigt hatte. Wie allerdings die letzten beiden Punkte zeigen, stand die Rhetorik von Haus aus im Zeichen der Mündlichkeit: Es ging ihr um das Verfertigen von Reden, nicht etwa um literarische Werke womöglich sogar dichterischen Rangs. Für letztere war eher die Grammatik zuständig, die sich nicht nur dem richtigen Sprechen und Schreiben, sondern auch der Lektüre und Analyse der Klassiker widmete.

Das Projekt der mittelalterlichen Poetiken bestand also in gewisser Weise darin, die Produktionsorientiertheit der Rhetorik mit der Literaturaffinität der Grammatik zu verbinden. Annäherungen hierzu hatte es von beiden Seiten aus bereits gegeben. So hatte sich die Rhetorik schon seit dem Ende des 11. Jahr-

---

4   Kelly 1991, S. 57–61; Kauntze 2014, S. 37f.
5   Klopsch 1980, S. 65.
6   Klopsch 1980, S. 66–70.

hunderts der *ars dictaminis* (Kunst des Briefeschreibens) und damit wenn nicht der hohen Literatur, so doch den spezifischen Erfordernissen schriftlicher Kommunikation geöffnet. Zusammen mit ihr und der dann wieder stärker mündlichkeitsorientierten *ars praedicandi* (Kunst des Predigens) wird die *ars poetriae* denn auch häufig zu den spezifisch mittelalterlichen Untergattungen der Rhetorik gerechnet,[7] und entsprechend hat man den Vorschlag gemacht, die mittelalterlichen Poetiken als „Poetorhetoriken" zu bezeichnen.[8]

Umgekehrt gehörte es zu den Aufgaben der Schüler im Grammatikunterricht, nicht nur die Klassiker zu analysieren, sondern auch nach deren Vorbild selber Verse zu verfertigen – ein Klima der produktiven Rezeption, das entscheidend zum Entstehen der neuen Poetiken beigetragen haben dürfte.[9] Die Dynamik des Wissensdiskurses führte außerdem im 13. Jahrhundert zu einer gewissen Aufsplitterung der Grammatik in verschiedene Teildisziplinen, die sich etwa mit den rhythmischen Strukturen der Sprache (*ars rithmica*) oder auch mit Fragen der Dialektik beschäftigten (*grammatica speculativa*). Eben diese Entwicklung war es, in die sich die Annäherung der Grammatik an die Rhetorik in Form jener „preceptive grammars", als die man die Poetiken auch bezeichnet hat, aufs Beste einfügte.[10]

Als „Sprösslinge der selbstbewussten Ehe zwischen Rhetorik und Grammatik, und weiter: zwischen Mündlichkeit und Schriftlichkeit"[11] schlagen die Poetiken naturgemäß mal mehr nach dem einen, mal mehr nach dem anderen Elternteil. Bei aller Heterogenität darf man aber doch von einem gemeinsamen Gattungskontext ‚mittelalterliche Poetiken' ausgehen,[12] vor dessen Hintergrund die einzelnen Vertreter dieser Gattung beurteilt sein wollen. Was also sind die Alleinstellungsmerkmale des *Laborintus* gegenüber den übrigen Vertretern der genannten Textreihe? Bevor ich mich der Beantwortung dieser Frage zuwende, sind ein paar allgemeinere Bemerkungen zu der hier in Frage stehenden Poetik angebracht.

---

7   Grundlegend Murphy 1974, vgl. auch Purcell 1996, S. 32–50.

8   Knape 2001, Sp. 1381.

9   Kelly 1991, S. 50–52.

10   Murphy 1974, S. 144–161.

11   Purcell 1996, S. 3.

12   Purcell 1996, S. 136–139.

2 Der *Laborintus*: Grundlegende Informationen

Egregius versificator, excellens rithmista, arduus rhetor, dictator valde solemnis („ausgezeichneter Versemacher, hervorragender Rhythmiker, erhabener Redner, weitgerühmter Dichter"): Mit diesen Worten, deren Anfangsbuchstaben den Namen „Everardvs" ergeben,[13] charakterisiert der Schreiber einer im Jahr 1349 vollendeten Handschrift[14] den Verfasser des *Laborintus*, der sich im Epilog des Werks auch selbst als „Everardus" bezeichnet (V. 1014). Glaubt man den Angaben des *Laborintus*, dann hat der Verfasser in Paris und Orléans studiert und nach seiner Rückkehr (wohin, erfährt man leider nicht) das Amt eines Schulmeisters übernommen (V. 943–952). Mehrere Handschriften verweisen ihn an die Domschule zu Bremen, doch ist auch von Köln die Rede[15] – ja sogar davon, dass er nach all den schulischen Strapazen in Köln dem Zisterzienserorden beigetreten sei.[16] Eine Lehrtätigkeit in Paris ist eher unwahrscheinlich.[17] Sicher scheint dagegen, dass „Everardus Alemannus", wie ihn die eingangs erwähnte Handschrift nennt,[18] dem deutschen Sprachraum entstammt.

Von eher forschungsgeschichtlichem Interesse ist die Tatsache, dass der Verfasser des *Laborintus* oft fälschlicherweise mit Eberhard von Béthune, dem Verfasser einer lateinischen Versgrammatik namens *Graecismus*, identifiziert worden ist – eine Zuschreibung, die bereits im Spätmittelalter begegnet,[19] durch die Ausgabe Polycarp Leysers von 1721 befestigt und erst im 19./20. Jahrhundert allmählich angezweifelt[20] und zurückgewiesen[21] wurde. Seither pflegen die einschlägigen Lexika den Verfasser des *Laborintus* unter dem Namen ‚Eberhard von Bremen'[22] bzw. ‚Eberhard der Deutsche'[23] zu führen.

---

[13]   Entdeckt worden ist das Akrostichon von Lohmeyer 1901, S. 414, Anm. 2.
[14]   Vgl. zu dieser Handschrift (*Pa* nach Haye 2013, S. 360) auch Faral 1924, S. 38f.
[15]   Traube 1902.
[16]   Worstbrock 1980, Sp. 273.
[17]   Anders Weijers 1996, S. 57.
[18]   Lohmeyer 1901, S. 414.
[19]   Szklenar 1981, S. 85.
[20]   Daunou 1832, S. 136–139.
[21]   Thurot 1868, S. 113, Anm. 1; Thurot 1870, S. 259f.; Lohmeyer 1901, S. 412–414.
[22]   Brunhölzl 1955; Brunhölzl 1959.
[23]   Worstbrock 1980; Düchting 1986.

Der *Laborintus* ist, soweit wir wissen, Eberhards einziges Werk. Für seine Datierung ist der soeben erwähnte *Graecismus* Eberhards von Béthune von einiger Bedeutung, der als vermutlich jüngstes der im Autorenkatalog des *Laborintus* genannten Werke den *terminus post quem* 1212 liefert. Als *terminus ante quem* gilt das Jahr 1280, ungefähres Entstehungsdatum des *Registrum multorum auctorum* Hugos von Trimberg, der den *Laborintus* zwar nicht eigens aufführt, im Prolog aber auf ihn anzuspielen scheint.[24] Das 13. Jahrhundert als Entstehungszeit des *Laborintus* ist auch durch die älteste der erhaltenen Handschriften gesichert,[25] und einiges – wie z. B. die fehlende Erwähnung der *Parisiana Poetria* des Johannes von Garlandia in Eberhards Autorenkatalog – spricht dafür, den *Laborintus* noch in die erste Hälfte des 13. Jahrhunderts zu setzen.[26]

Den merkwürdigen Titel *Laborintus* erklärt die bereits erwähnte Handschrift mit den Worten *quasi laborem habens intus* („gleichsam Arbeit/Mühsal in sich habend").[27] Sie folgt damit einer im Mittelalter gängigen etymologischen Erklärung des Wortes *labyrinthus*, die in Eberhards Schreibweise schon deutlich genug anklingt.[28] Im Text selbst scheint dieses arbeitsreiche Labyrinth für die Schule zu stehen, was durch den in den Handschriften vereinzelt begegnenden (Unter-)Titel *De diversis miseriis rectoris scolarium*[29] bzw. *De rectorum scolarium laboribus* [...][30] noch unterstrichen wird. Sicher ist es aber auch nicht ganz abwegig, den Titel poetologisch auf den gesamten Text (etwa als „Labyrinth des Lernens"[31] oder als „Labyrinth der Grammatik, Rhetorik und Poetik"[32]) zu beziehen. So bezeichnet etwa Walter von Sankt Viktor bereits im 12. Jahrhundert die Philosophen Peter Abaelard, Gilbert Porretanus, Peter

---

24   Ausg. Langosch 1942, V. 34, vgl. Faral 1924, S. 39.
25   Haye 2013, S. 347.
26   Frühdatierung bei Worstbrock 1980, Sp. 274, vgl. auch Kelly 1991, S. 210; Haye 2013, S. 339; Knapp 2014, S. 225.
27   Lohmeyer 1901, S. 412, Anm. 2.
28   Worstbrock 1980, Sp. 275; Burrichter 2003, S. 54.
29   Traube 1902, S. 327.
30   Worstbrock 1980, Sp. 274.
31   Purcell 1993, Titel.
32   Ponce Hernández 2008, Titel.

Lombardus und Peter Pictavus als die vier Labyrinthe Frankreichs.[33] Das ist hier zwar abwertend gemeint, doch kann im Mittelalter z. B. auch die Heilige Schrift als Labyrinth bezeichnet werden.[34]

Das metaphorische Potenzial des Titels *Laborintus* ist jedenfalls noch heute so verlockend, dass sich in den letzten 25 Jahren immerhin drei wissenschaftliche Publikationen diesen Titel zu eigen gemacht haben (nicht ohne Eberhard zu erwähnen, versteht sich).[35] Eine gewisse Breitenwirkung hat außerdem Luciano Berios Komposition *Laborintus II* von 1965 entfaltet, die unter anderem in einer Aufnahme mit Mike Patton, dem Sänger der Band *Faith No More*, aus dem Jahr 2012 vorliegt. Das Libretto stammt von Edoardo Sanguineti, der dafür nicht zuletzt auf seine 1956 erschienene Gedichtsammlung *Laborintus* zurückgreift,[36] deren Titel sich wiederum dem Eingeweihten deutlich genug als eine Anspielung auf den *Laborintus* Eberhards des Deutschen zu erkennen gibt.[37]

Setzen die zuletzt genannten Anspielungen die Kenntnis des *Laborintus* auch nicht mehr zwingend voraus, so hat dieser doch eine beachtliche Erfolgsgeschichte vorzuweisen. Ob das weitgehende Fehlen von Rezeptionszeugnissen im 13. Jahrhundert auf ein verspätetes Einsetzen dieser Erfolgsgeschichte hindeutet[38] oder nicht,[39] mag dahingestellt bleiben. Mit insgesamt 55 Handschriften, die sich relativ gleichmäßig auf das 14. und 15. Jahrhundert verteilen (mit einem Vorläufer im 13. und einem Nachzügler im 16. Jahrhundert),[40] ist der *Laborintus* jedenfalls die am zweithäufigsten überlieferte mittellateinische Poetik nach der *Poetria nova*[41] (mit der er im Übrigen nicht weniger als zwölfmal gemeinsam überliefert ist).[42] Als Besonderheit ist hervorzuheben, dass sich die Überlieferung des *Laborintus* weitgehend auf den mitteleuropäischen, primär deutschsprachigen und hier dann – was die spätmittelalterli-

---

33 Faral 1924, S. 39; Burrichter 2003, S. 62.
34 Burrichter 2003, S. 32f.
35 Vidmanová 1994, S. 5; Ernst 1995, S. V; Cullin 2004, S. 9.
36 Zu den Quellen des Librettos vgl. Hand 1998.
37 Ausg. Risso 2006, S. 8f.
38 Knapp 2014, S. 226.
39 Haye 2013, S. 348.
40 Haye 2013, S. 347f.
41 Kelly 1991, S. 110f.
42 Haye 2013, S. 349.

chen Besitzer der Handschriften angeht – schwerpunktmäßig auf den säch-
sisch-thüringischen Raum beschränkt bzw. konzentriert.[43] In Leipzig und
Erfurt erschienen in den Jahren 1497 bis 1504 sogar vier Drucke des *Laborintus*[44] – eine mediengeschichtliche Auszeichnung, die nicht einmal der *Poetria
nova* zuteilwurde.[45]

Keine Frage: „Der ‚Laborintus' gehört zu den wichtigsten und verbreitets-
ten Schulbüchern im deutschen SpätMA".[46] Nikolaus von Dybin, „der frucht-
barste Verfasser rhetorischer Lehrschriften, den das deutsche Mittelalter auf-
zuweisen hat, […] eine bis in den frühen Humanismus geläufige und zitierte
Schulautorität",[47] widmete nicht nur der *Poetria nova*, sondern auch dem *Laborintus* einen eigenen Kommentar, der, entstanden wohl in den Jahren 1358–
1361,[48] in nicht weniger als 13 Handschriften des 14. bis 16. Jahrhunderts
überliefert ist.[49] An den mitteleuropäischen Artistenfakultäten schließlich war
der *Laborintus* um die Wende vom 14. zum 15. Jahrhundert das neben der
Poetria nova wichtigste Lehrbuch der Rhetorik.[50]

Insgesamt noch wenig erforscht ist der Einfluss, den der *Laborintus* nicht
nur auf die Theorie (etwa die *Rhetorica* Johannes Stetefelds),[51] sondern auch
auf die Praxis spätmittelalterlicher Dichtung hatte. Zu Johannes von Tepl
(Verfasser des *Ackermanns von Böhmen*),[52] ja sogar zu Petrarca[53] hat man Ver-
bindungen hergestellt. Sicher ist, dass sich der Dichter Volpertus für seinen
1343 entstandenen *Pauper scolaris* am *Laborintus* orientiert[54] und dass Johannes von Werdea (ca. 1420–1475) Verse des *Laborintus* in ein hoch artifizielles

---

43   Haye 2013, S. 346f.

44   Haye 2013, S. 342.

45   Gallick 1979, S. 37; Murphy 1984, S. 7; Woods 1989, S. 315f.

46   Worstbrock 1980, Sp. 275.

47   Worstbrock 1984, S. 454.

48   Szklenar 1981, S. 88.

49   Szklenar 1981, S. 89f. (11 Hss.) u. Szklenar 1987a, S. 232f. (2 weitere Hss.), vgl. auch
Szklenar 1987b, Sp. 1065.

50   Lorenz 1985, S. 218f.

51   Brandmeyer 1970, S. 64; Worstbrock 1995, Sp. 321. Vgl. auch Quadlbauer 1962, S. 248–
251, 269 (zu Einflüssen auf eine anonyme *Rhetorica*).

52   Brandmeyer 1970, S. 63–65.

53   Velli 1989, S. 174, skeptisch Haye 2013, S. 340, Anm. 10.

54   Worstbrock 1997, S. 124f.; Worstbrock 1999, Sp. 505.

Marienlied eingewoben hat[55] – Beispiele nicht zuletzt für die thematische Er-
giebigkeit des *Laborintus*, dessen Spektrum von der Klage des mittellosen
Schulgelehrten bis zum Lob der Heiligen Jungfrau reicht.

In demselben Maß indessen, in dem sich die Humanisten allenthalben
gegen die Scholastiker durchzusetzen begannen, verlor auch der *Laborintus*
an Popularität. Während etwa Konrad Säldner, nachmaliger Rektor der Universität Wien, in einem Brief von 1457 Nikolaus von Dybin, Galfrid von Vinsauf und Eberhard den Deutschen noch in vollem Ernst der antiken Trias
Cicero, Seneca und Aristoteles an die Seite stellt,[56] dient die Erwähnung des
Laborintus in den 1515 erschienenen *Dunkelmännerbriefen* nur noch dem
Zweck, den angeblich scholastischen Verfasser zu diskreditieren.[57] Kaum
schmeichelhafter äußert sich Erasmus von Rotterdam,[58] und Martin Luther
rechnet den *Laborintus*, den er in Erfurt noch hatte studieren müssen,[59] bevor
dieser dort 1515 durch andere, dem humanistischen Geschmack entsprechende Lehrwerke ersetzt worden war,[60] unter „die tollen unnützen schedlichen
Müniche bücher […], der gleychen esels mist vom Teuffel eyngefurt ist".[61]

Ausgerechnet der aus einer evangelischen Theologenfamilie stammende
Polykarp Leyser (IV.) war es dann, der den *Laborintus* rund zweihundert Jahre
später wieder aus der Versenkung hervorholte, indem er ihn im Rahmen seiner
erstmals 1721 erschienenen *Historia poetarum et poematum Medii Aevi decem
[…] seculorum* herausgab.[62] In den Jahren 1870 und 1899 folgten gleich zwei
Neueditionen der Exempel zur rhythmischen Dichtung bzw. des gesamten
Rhythmikteils,[63] bevor Edmond Faral im Rahmen seiner 1924 erschienenen
Ausgabe und Untersuchung der mittellateinischen Poetiken eine Neuedition

---

55 Düchting 1984.

56 Jaffe 1974, S. 74–78.

57 *Epistulae obscurorum virorum* I, 38 (Ausg. Bömer 1924, S. 67,13; Übers. Riha 1991, S. 99),
vgl. Engelhardt 1948, S. 742.

58 Engelhardt 1948, S. 741f.

59 Scheel ³1921, S. 155, 158, 224.

60 Kleineidam ²1992, S. 206.

61 Luther 1524, Ausg. 1899, S. 50. Vgl. Scheel ³1921, S. 41.

62 Leyser 1721, S. 796–854.

63 Thurot 1870, S. 266–269; Mari 1899, S. 81–90, zum Vokabular der entsprechenden
Traktate Bourgain 1992/93.

des gesamten *Laborintus* vorlegte,[64] auf die sich die Forschung in Ermangelung einer kritischen Ausgabe bis heute bezieht. Nicht zuletzt liegt Farals Text auch den diversen Übersetzungen des *Laborintus*[65] einschließlich der hier vorgelegten[66] zugrunde.

3 Alleinstellungsmerkmale, Interpretation

Das große Verdienst Farals ist es nicht zuletzt, die Gattung der mittellateinischen Poetiken überhaupt wieder als solche sichtbar gemacht und eine erste grundlegende Untersuchung ihres Lehrprogramms geliefert zu haben. Vier Jahre später griff Charles Sears Baldwin im Rahmen seiner Untersuchung der mittelalterlichen Rhetorik und Poetik auf Faral zurück,[67] und seither sind die eingangs genannten Poetiken in Monographien und Handbüchern immer wieder gemeinsam behandelt worden, so z. B. unter den übergreifenden Aspekten einer Geschichte der Ästhetik,[68] der Rhetorik,[69] der Poetik,[70] der Literaturwissenschaft[71] oder des französisch-deutschen Kulturtransfers.[72] Zwei Autoren haben sich in ihren Monographien ganz auf die Poetiken konzentriert, einmal im Hinblick auf deren gesellschaftlich-kulturelle Einbettung[73] und einmal mit stärker mediengeschichtlichem Interesse.[74]

---

[64]   Faral 1924, S. 336–377. Zur gesamten Ausgabe vgl. Sedgwick 1927 (Besserungsvorschläge) und Sedgwick 1928 (Wortlisten).

[65]   Carlson 1930 (ins Englische), Pejenaute Rubio 2004/05 (Teilübersetzung ins Spanische), Gacka 2012 (ins Polnische).

[66]   Die wenigen – oft nur die Interpunktion betreffenden – Eingriffe in Farals Text habe ich im Kommentarteil dokumentiert und gegebenenfalls erläutert, vgl. die Kommentare zu den Versen 1f., 268, 282, 303, 323, 351, 359, 363, 398, 422, 774, 798, 834, 913, 917 sowie zu den Strophen 19,5; 23,3; 27,2. Die den Text strukturierende Kapiteleinteilung stammt ebenfalls von mir.

[67]   Baldwin 1928, S. 185–196.

[68]   De Bruyne 1946, S. 14–49.

[69]   Allgemein Murphy 1974, S. 135–193. Zur Stilartenlehre Quadlbauer 1962, S. 57–149, u. Mölk 1968, S. 177–199. Zu den Arten des Beginnens Kelly 1966. Zu den Tropen Krewitt 1971, S. 280–442, u. Purcell 1987 (zur Figur der *transsumptio*).

[70]   Klopsch 1980, S. 109–163.

[71]   Murphy 2005.

[72]   Knapp 2014.

[73]   Kelly 1991.

[74]   Purcell 1996.

Einflussreich für die Beurteilung des *Laborintus* war das von James J. Murphy vertretene Modell von Aufstieg (Matthäus von Vendôme), Blütezeit (Galfrid von Vinsauf, Gervasius von Melkley) und Verfall (Johannes von Garlandia, Eberhard der Deutsche) der Gattung: Der (von Murphy spätdatierte) *Laborintus* zeuge von Müdigkeit, Bitterkeit und Zynismus eines allzu erfahrenen Lehrers, der im Geist einem Jonathan Swift näherstehe als seinen eigenen Zeitgenossen.[75] In abgewandelter Form – es gehe weniger um den Verfall der Gattung als um den von Eberhard antizipierten Verfall der Dichtkunst – wurde die Verfallsthese zuletzt von Josep Lluís Martos vertreten,[76] während sich andere Interpreten um ein verbessertes Verständnis des *Laborintus* jenseits des Verfallsparadigmas bemüht haben.[77] Vor diesem Hintergrund soll die oben aufgeworfene Frage nach den Alleinstellungsmerkmalen des *Laborintus* wieder aufgegriffen werden, wobei ich bei dem von Eberhard gebotenen Lehrprogramm ansetze.

Für die verschiedenen Arten des Beginns hält sich Eberhard an den eher grammatikorientierten Matthäus von Vendôme,[78] für Erweiterung und Kürzung sowie den Redeschmuck an den eher rhetorikorientierten Galfrid von Vinsauf. Obwohl dies die am wenigsten originellen Teile seiner Lehre sind, zeigt sich schon hier eine Eigenheit des *Laborintus*, die wesentlich zu seiner Beliebtheit – gerade auch im Überlieferungsverbund mit Galfrids *Poetria nova* – beigetragen haben dürfte: Was Galfrid in 1390 oftmals in langen Satzperioden dahinmäandernden Hexametern behandelt, das packt Eberhard in 150 kompakte Distichen,[79] deren Grenzen genau mit den Grenzen der jeweiligen Lerneinheiten zusammenfallen. Wo man mithin die Dinge bei Galfrid etwas genauer nachlesen und nicht zuletzt den elaborierten Stil genießen konnte, da bot der *Laborintus*, wenn auch stilistisch durchaus nicht unversiert, vor allem eines: gute Memorierbarkeit (insofern mag man der Einschätzung William M. Purcells beipflichten, der *Laborintus* vollziehe eine Rückkehr zur Mündlichkeit).[80]

---

75   Murphy 1974, S. 162, 181f.

76   Martos 2003.

77   Programmatisch Purcell 1993.

78   Kelly 1966, S. 269.

79   Vgl. den Kommentar zu V. 299–303.

80   Purcell 1996, S. 121.

Inhaltliche Alleinstellungsmerkmale des von Eberhard gebotenen Lehrprogramms im Vergleich zu demjenigen anderer Poetiken sind erstens der
Autorenkatalog, der – und dies unterscheidet ihn zusätzlich von seinen Vor-
gängerkatalogen im schulischen Bereich – programmatisch auch zeitgenössische Autoren mit aufnimmt,[81] und zweitens der Metrikteil, der unsere heutige
Hauptquelle für die mittelalterliche Technik gereimter Distichen und Hexameter darstellt.[82] Was den angehängten Rhythmikteil betrifft, ergeben sich signifikante Übereinstimmungen mit der um 1234 entstandenen *Parisiana Poetria* des Johannes von Garlandia, ohne dass diese auf eine direkte Abhängigkeit
hindeuten müssten.[83]

Das Hauptalleinstellungsmerkmal des *Laborintus* gegenüber anderen Poetiken ist aber zweifellos die konsequente Einbettung der Lehre in eine allegorische Rahmenhandlung, deren Möglichkeit bei Matthäus von Vendôme lediglich
an einer Stelle kurz aufscheint.[84] Ihr großes Vorbild hat sie bei Martianus Capella, wobei nun aber Eberhard zur Ausgestaltung der allegorischen Rahmenhandlung einmal mehr auf zeitgenössische Autoren zurückgreift: Natura, Fortuna,
Philosophia und die sieben freien Künste sind wohlbekannte Gestalten aus den
großen allegorischen Gedichten des Bernardus Silvestris und Alanus ab Insulis;
die Verbindung von Allegorie und Satire lässt deutlich den Einfluss des Johannes von Hauvilla erkennen.[85]

Wichtiger als die hier nur grob skizzierten literarischen Bezüge (für Ein-
zelheiten sei auf den über das Autorenregister rasch erschließbaren Kommentar verwiesen) ist für die Interpretation jedoch die Frage nach dem Verhältnis
zwischen Allegorie und Lehre: Ist die Geschichte des armen Schulmeisters
(d. h. die allegorische Handlung) bloße Verpackung oder ist sie umgekehrt das
eigentliche Thema, dem die Rede der personifizierten Poesis (d. h. die Lehre)
lediglich untergeordnet ist?[86] Beide Ansichten greifen sicher zu kurz. Um lediglich zur Illustration der Leiden des Schulmeisters zu dienen, ist einerseits
die Lehre ganz entschieden zu gewichtig. Andererseits sollte man aber auch

---

81   Vgl. Curtius [11]1993, S. 58–61, sowie den Kommentar zu V. 600.
82   Vgl. Meyer 1905, S. 80, dazu Klopsch 1972, S. 76, Anm. 12.
83   Vgl. Knapp 2014, S. 227.
84   Vgl. den Kommentar zu V. 253.
85   Zu den betreffenden Werken des 12. Jahrhunderts vgl. Bezner 2008.
86   Die letztgenannte Position vertreten Szklenar 1981, S. 86f., und Méot-Bourquin 2013, S. 34.

die allegorische Handlung nicht als ein der bloßen *delectatio* dienendes Beiwerk abtun. Vielmehr – so die hier vertretene These – leistet die allegorisch-satirische Handlung dasjenige, was die diskursiv gehaltene Lehre selbst nicht zu leisten vermag, nämlich deren Kontextualisierung, und zwar in mindestens dreifacher Hinsicht: kosmologisch, enzyklopädisch und soziologisch.

Eine Rekonstruktion der mittelalterlichen Kosmopoetologie würde den Rahmen dieser Einleitung sprengen.[87] Von entscheidender Bedeutung ist in diesem Zusammenhang die im 12. Jahrhundert an Popularität gewinnende Lehre von den drei werkschaffenden Instanzen Gott, Natur und Mensch, die es nicht zuletzt erlaubt, das Menschenwerk (und also auch die Dichtung) durch Äquivalenzbeziehungen auf das Werk der Natur und letztlich sogar Gottes zu beziehen, es mithin in einen kosmologischen Kontext zu stellen. Wenn Douglas Kelly von einem bestenfalls oberflächlichen Niederschlag dieser Lehre in den mittellateinischen Poetiken ausgeht,[88] so ist ihm, was die rein diskursiven Passagen dieser Poetiken angeht, sicher zuzustimmen. Gerade in den allegorisch-narrativen Eingangspartien des *Laborintus* wird diese Lehre aber präzise anzitiert und durchgespielt.[89]

Von den Schwierigkeiten einer Einordnung der Poetik in das mittelalterliche Wissenssystem, insbesondere von ihrer schwankenden Zuordnung zur Grammatik oder Rhetorik, ist oben bereits die Rede gewesen. Indem Eberhard den gesamten Reigen der sieben freien Künste Revue passieren lässt, nur um Poesis zur Dienerin der Grammatik, d. h. der basalsten unter ihnen zu erklären, scheint er dem Leser zunächst noch einmal in aller Drastik den inferioren Status seiner Disziplin vor Augen führen zu wollen. Wie aber Gary P. Cestaro zu Recht betont hat, ist es dann gerade Poesis, die den Niederungen der Grammatik zu entfliehen und sich gar zur Herrscherin über die Philosophie (als Mutter der sieben freien Künste) aufzuschwingen vermag, mithin einen enzyklopädischen Anspruch vertritt.[90]

Nach der kosmologischen und der enzyklopädischen Einordnung der Poetik bleibt die Frage nach ihrem ‚Sitz im Leben‘. Eberhard bestimmt ihn als die Schule, jenes titelgebende ‚Laborinth‘, das er – insbesondere in der Rede

---

87 Vgl. aber Vollmann 2017.
88 Kelly 1991, S. 55.
89 Vgl. den Kommentar zu V. 1–22.
90 Cestaro 1997, S. 182f.

der Elegia – mit einer Eindringlichkeit beschreibt, die immer wieder das Interesse der Forschung geweckt hat.[91] Das Bild des Lehreralltags, das Eberhard hier zeichnet, ist trostlos: ausbeuterische Arbeitsbedingungen, zahlungsunwillige Eltern, verdorbene Schüler, hochstaplerische Konkurrenten. Man darf an dieser Stelle vielleicht daran erinnern, dass das Labyrinth im Mittelalter auch für die sündige Welt, ja sogar für die Hölle stehen konnte.[92] Aber gibt es tatsächlich keinen Ausweg aus diesem Labyrinth? Behält Elegia tatsächlich das letzte Wort?

Da ist, natürlich, noch die Religion. Bei Eberhard kommt sie gewissermaßen durch die Hintertür herein, nämlich über die Beispielverse, durch die er seine Lehre illustriert, ja zum Teil geradezu ersetzt. Am auffälligsten: zwei predigthafte Texte, die sich an den sündigen Menschen (Wortfiguren) bzw. an den Pfarrer selbst (Gedankenfiguren) richten, ein Marienlob (Metrik) und eine von Maria über Jesus und das Heilige Kreuz bis hin zu den Aposteln und Märtyrern reichende hymnische Dichtung (Rhythmik), gefolgt von einer Beschreibung der sieben Hauptsünden (Mischung von Rhythmik und Metrik), deren letzter, der Trägheit, Eberhard demonstrativ entgeht, indem er sein Werk mit einem Lob der Dreifaltigkeit für vollendet erklärt.[93]

Sowohl William M. Purcell als auch Valérie Méot-Bourquin argumentieren sinngemäß, dass der Lehrer, in welchem Eberhard sich selbst porträtiert, im *Laborintus* letztlich die Rolle des Pfarrers übernehme, der die ihm anvertraute Herde aus der Sündhaftigkeit herauszuführen versuche.[94] Und wenn dem Pfarrer nahegelegt wird, mit gutem Beispiel voranzugehen, so tut Eberhard eben dies durch seine Beispielverse, denen damit eine geradezu ethische Dimension zukommt. Gleichzeitig dienen die artifiziellsten dieser Beispielverse dem Lob der Jungfrau Maria, die durch diese kostbare Gabe dazu bewegt werden soll, sich für das Seelenheil des Dichters einzusetzen, so dass ihm und allen, die es ihm gleichtun, am Ende doch noch die Erlösung winkt.[95]

91   Francke 1879, S. 10–16; Limmer 1928, S. 157f., 229–231; Stotz 1981, S. 13–16, S. 15f.; Pejenaute Rubio 2004/05.

92   Burrichter 2003, S. 54–63.

93   Vgl. den Kommentar zu Str. 36,4.

94   Purcell 1996, S. 131 (entspricht Purcell 1993, S. 114); Méot-Bourquin 2013, S. 43.

95   Vollmann 2019.

Zusammenfassend lässt sich sagen, dass der *Laborintus* auf mindestens drei Ebenen operiert: erstens derjenigen der eigentlichen Lehre; zweitens derjenigen der allegorisch-satirischen Rahmenhandlung, durch die die Lehre kosmologisch, enzyklopädisch und soziologisch kontextualisiert wird; drittens derjenigen der Beispielverse, die eine religiöse Perspektivierung der Lehre leisten. Damit aber wird Eberhards Text auch insgesamt zu einem Musterbeispiel dafür, was Dichtung alles zu leisten vermag, und bestätigt so auf einer vierten, performativen Ebene die selbstbewusste Aussage der Poesis: „Stoff ist mir, was auch immer der Umlauf des Himmels umfasst, die Philosophie spielt in meinem Gehorsam" (V. 267f.).

Text und Übersetzung

1

Pyerius me traxit amor jussitque Camena
    Scribere: materiam me dedit illa tibi.
Viribus ingenii discussis, utpote parvis,
    Mens opus injunctum depositura fuit:
5   Desidiam mentis Elegia vidit et inquit:
    "Incipe: perficies auxiliante Deo.
Quid sit onus cathedrae, qua teque tuosque scholares
    Arte regas, perares imparitate pedum."
Divinae me movit opis promissio: scribo,
10   Mendis lectore compatiente meis.

2

Exhorret Natura parens dum matris in alvo
    Elimat miseri parvula membra viri.
Si sub membrana praesentit membra magistri,
    Interrumpit opus officiosa suum;
15   Inspirat, dicit: "Operis lex pauset in isto!
    Exopto mea sit desidiosa manus.
Si me non alia regeret lex quam mea, vellem
    Inceptum limae deseruisse meae.
Sed Natura jubet naturans ne manus illic
20   Cesset ubi fuerit materiale bonum;
Et quia lege regor regis, quia legor ab Alto,
    Consummabit opus linea nostra suum.
Me tua Parca vocat: tibi non vult parcere; filum
    Jam nevit; nostras arguit illa moras.
25   Nasceris ergo, miser; misero tibi signa figurant
    Sidereusque vigor officiale malum.

1 Prolog

Pierische Liebe zog mich und Camena befahl mir,
zu schreiben, als Stoff gab sie dir mich.
Als die Kräfte der Begabung, gering wie sie sind, zerschlagen waren,
wollte der Geist das aufgetragene Werk niederlegen.
5 Den Müßiggang des Geistes sah die Elegie und sagte:
„Fang an! Du wirst es mit Gottes Hilfe vollenden.
Was die Last des Lehramts ist, durch welche Kunst du dich
und deine Schüler beherrschst, wirst du mit der Ungleichheit der Füße
durchpflügen."
Das Versprechen göttlichen Beistands hat mich motiviert: Ich schreibe,
10 während der Leser Mitleid mit meinen Fehlern haben möge.

2 Die Natur

Die gebärende Natur erschaudert, wenn sie im Mutterleib
die kleinen Glieder eines unglücklichen Mannes ausfeilt.
Wenn sie unter der Haut die Glieder eines Lehrers erahnt,
unterbricht die Dienstbeflissene ihr Werk.
15 Sie seufzt und sagt: „Möge das Gesetz des Werks in ihm zum Stillstand
kommen!
Ich wünschte, meine Hand wäre müßig.
Wenn mich kein anderes Gesetz beherrschte als das meine, wollte ich
das Beginnen meiner Feile aufgegeben haben.
Aber die schaffende Natur befiehlt, dass die Hand dort nicht
20 säumt, wo stoffliches Gut existiert hat.
Und weil ich vom Gesetz des Herrschers beherrscht, weil ich vom Hohen
eingesetzt werde,
wird unsere Richtschnur sein Werk vollenden.
Mich ruft deine Parze [Parca], sie will dich nicht schonen [parcere], den
Faden
hat sie schon gesponnen, sie tadelt unsere Verzögerungen.
25 Du wirst also geboren, Unglücklicher. Dir Unglücklichem bilden die Zeichen
und die Lebenskraft der Gestirne dienstbedingtes Übel.

Scribitur in stellis paupertas, copia rerum,
    Vitae commoditas, acre laboris onus;
Scribitur in stellis famae discrimen, honoris
30   Culmen, livoris flamma, favoris amor;
Scribitur in stellis virtutis laus, vitiorum
    Dedecus, aetatis longa brevisque mora.
Omnem perlegi seriem caeli, nec in illa
    Inveni sidus quod tibi mite meat:
35   Ecce Dyonaeum tibi flammas non vomit astrum,
    Nec tibi scintillat Mercuriale decus;
Saturni sed curva tuos falx fascinat annos,
    Et tibi fax Martis insidiosa rubet:
Est caeli virtus tibi tota propheta laboris,
40   In quo ditari non tua cura potest."

3

Dicit et impingit matri simulacra laborum,
    Quos cella capitis anteriore legit.
Nocte libros tractat: non quinque volumina Legis,
    Pneumate nec quae sunt emodulanda sacro;
45   Nulla videtur ei Tholomei pagina, caelum
    Qua petitur, qua quis mente per astra volet;
Euclidis libri, numero ter quinque, figuris
    Pleni, non assunt, quos geometer habet;
Non apparet ei codex Guidonis, in omni
50   Qui vocum genere dirigit artis opus;
Non praesentatur illi revolutio libri
    Qui numeri vires dinumerando docet;
Non Ciceronis adest pingens sermonis honorem,
    Cui rhetor servit, florida carta duplex;
55   Nullus Aristotelis codex apparet in illis,
    Quem cudit gremio Philosophia suo;
Physica, naturae speculum, duce sub Galieno
    Quae flores, illi non tua scripta patent;

In den Sternen wird geschrieben die Armut, die Fülle der Dinge,
die Bequemlichkeit des Lebens, die harte Last der Arbeit.
In den Sternen wird geschrieben die Gefahr der Verleumdung, der Gipfel
30   des Ansehens, die Flamme der Missgunst, die Liebe der Gunst.
In den Sternen wird geschrieben das Lob der Tugend, die Schande
der Laster, die lange oder kurze Zeit des Lebens.
Die gesamte Reihung des Himmels habe ich durchgelesen und in ihr
keinen Stern gefunden, der sanft für dich wandelt.
35   Sieh, der Dionische Stern speit dir keine Flammen
und es funkelt dir kein Merkurischer Glanz.
Die gekrümmte Sichel des Saturn indessen verhext deine Jahre
und es rötet sich dir die heimtückische Fackel des Mars.
Die Macht des Himmels ist dir ein einziger Prophet der Arbeit,
40   in der deine Sorge zu keinerlei Reichtum gelangen kann."

3 Der Traum der Mutter

Sagt es und drängt der Mutter die Traumbilder der Strapazen auf,
die diese mit der vorderen Kammer ihres Kopfes liest.
Nachts studiert er Bücher: nicht die fünf Bücher des Gesetzes
und nicht diejenigen, die des Heiligen Geistes wegen zu besingen sind.
45   Keine Seite des Ptolemäus zeigt sich ihm, durch die
dem Himmel zugestrebt wird, durch die man im Geist die Sterne durchfliegt.
Die Bücher Euklids, dreimal fünf an der Zahl, voll von
Figuren, sind nicht dabei, die der Geometer besitzt.
Nicht erscheint ihm der Kodex des Guido, der das Werk der Kunst
50   in jeder Gattung der Töne reguliert.
Nicht wird ihm das Aufrollen des Buchs gezeigt,
das zählend die Kräfte der Zahlen lehrt.
Nicht ist Ciceros das Ansehen der Rede färbende
geblümte Doppelschrift dabei, der der Redner gehorcht.
55   Kein Kodex des Aristoteles zeigt sich unter ihnen,
den die Philosophie in ihrem Schoß gehämmert hat.
Medizin, Spiegel der Natur, die du unter der Führerschaft Galens
blühst, ihm stehen deine Schriften nicht offen.

Non occurit ei Gratiani pagina, lucri
60   Nutrix; membrana Justiniana latet;
Exponit quae non tenuis macraque Minerva
    Somnia, quae somno Cipio vidit, abest;
Quae numerat geminos latet astrologia coluros,
    Quinque parallelos signiferique gradus;
65 Non matri praesens est cosmographia Platonis
    Nomine discipuli praetitulata sui; –
Primi versiculi sed cernit grammata, primam
    Quae sibi turba viam discipularis habet;
Donatos vertit, lacrimarum fonte fluentes,
70   Qui dantur pueris post elementa novis;
Ille tenet parvos lacerata fronte Cathones:
    Illos discipuli per metra bina legunt.

4

Nascitur hic plorans. Licet hoc generale sit omen,
    Ploratus tamen hic particulare tenet:
75 Iste genas lacrimis oneratas saepe videbit,
    Nec fiet lacrima prosiliente pius.
Masculus "a" profert omnis dum prodit ad auras:
    Ex radice trahit primi parentis Adae:
Hic cum vagitu speciali ructuat "alpha!",
80   Quod rudibus pueris syllabicando legit.

5

Dum de matre rubet in cunis, mobilis inquit
    Huic dea quam sedes orbicularis habet:
"Area te mundi cepit. Mea regia casus
    Humanos ponit sub ditione mea.
85 Omnis sors hominum mihi cedit: portio sortis
    Addictae tibi nil prosperitatis habet.
Quod regnat, floret, gaudet rex, miles, agrestis
    Imperio, fama, commoditate, meum est.

Nicht erscheint ihm eine Seite Gratians, Amme
60 des Profits, das Justinianische Pergament bleibt verborgen.
Die nicht eben dünne und magere [*macra*] Minerva, die die Traumbilder
darlegt, die Scipio im Schlaf sah, fehlt.
Astrologie ist verborgen, die die beiden Koluren zählt,
die fünf Parallelkreise und den Tierkreis.
65 Nicht liegt der Mutter die Kosmographie Platons vor,
die mit dem Namen seines Schülers betitelt ist.
Wohl aber nimmt er die Buchstaben des ersten Versleins wahr,
das sich die Schülerschar als ihren ersten Weg vornimmt.
Donate wendet er, die vom Quell der Tränen zerfließen,
70 die den jungen Knaben im Anschluss an die Buchstaben gegeben werden.
In der Hand hält er kleine Catos mit zerfetzter Vorderseite:
Diese lesen die Schüler in Zweierversen.

4 Die Geburt

Weinend kommt er zur Welt. Mag dies auch ein allgemeines Vorzeichen sein,
so enthält dieses Weinen doch ein besonderes:
75 Er wird oftmals mit Tränen überschüttete Wangen sehen
und durch die hervorstürzende Träne nicht milde gestimmt werden.
Jedes männliche Kind sagt „a", wenn es das Licht der Welt erblickt,
aus der Wurzel des ersten Vaters Adam zieht es dies.
Er dagegen, mit einem speziellen Quäken, rülpst: „alpha",
80 was er den ungebildeten Knaben syllabisierend vorliest.

5 Fortuna

Während er, noch von der Mutter gerötet, in der Wiege liegt,
sagt zu ihm die bewegliche Göttin, die ein kreisrunder Sitz trägt:
„Das Gebiet der Welt hat dich erfasst. Meine Herrschaft
unterstellt alle menschlichen Wechselfälle meiner Macht.
85 Das gesamte Schicksal der Menschen fügt sich mir. Der dir zugewiesene
Teil des Schicksals enthält keinerlei Glück.
Dass herrscht, dass blüht, dass sich freut der Herrscher, der Ritter, der Bauer
durch Befehl, durch Ruhm, durch Annehmlichkeit, geschieht durch mich.

Per me qui rexit servit, qui floruit aret,
90   Et qui gaudebat anxietate dolet.
Nobilibus, cupidis, praelatis surgit, adhaeret,
    Accedit per me gloria, nummus, honor:
Me retrahente manum, vilescit gloria, nummus
    Decrescit, summus attenuatur honor.
95   Per me rhetoricus flos, grammaticus labor, artis
    Garrulitas tumulat, evacuatur, aret.
Nutus adulantis, reverentia plebis, amictus
    Sortis cui faveo paret, obedit, adest.
Gaudia post fletum, post gaudia semino luctum,
100   Post lucem tenebras, post tenebrosa jubar.
Summa mihi requies est inconstantia; spherae
    Est in continua mobilitate fides.
Vaticinor tibi perduros instare labores,
    Quos vilis cathedrae progenerabit honor.
105   Hic quondam viguit: nunc languet; floruit: aret;
    Praecepit: servit; fructificavit: eget.
Florent qui jaculis linguae pervertere causas
    Justas, injustas justificare sciunt.
Florent quos ditat infirmae pulsio venae,
110   Urinae sedimen sterculeusque color.
Florent hypocritae, sapientum simia, trunco
    Qui faciunt umbram, quos ligat aeris amor.
Florent faex hominum scurrae, quos curia lactat,
    Qui dominis linguae garrulitate placent.
115   Florent palpones, quorum sub melle venenum
    Lingua parit, miseros proditione premit.
Ecce caeca probor, quia caecos tollo, videntes
    Deprimo, degeneres nutrio, sperno bonos."

6

Interea vegetans surgit vis; pullulat aetas;
120   Pubescit ratio; cellaque terna sapit.

Durch mich dient, wer herrschte, ist dürr, wer blühte,
90 und leidet ängstliche Qualen, wer sich freute.
Den Vornehmen, den Gierigen, den Würdenträgern steigt auf, haftet an,
nähert sich durch mich Ruhm, Geld, Ansehen.
Ziehe ich die Hand zurück, wird der Ruhm wertlos, nimmt das Geld
ab, wird das höchste Ansehen geschwächt.
95 Die rhetorische Blume, die grammatische Arbeit, die Schwatzhaftigkeit
der Kunst begräbt, wird zunichte gemacht, ist dürr durch mich.
Das Nicken des Schmeichlers, die Achtung des Volks, der Mantel
des Schicksals willfährt, gehorcht, steht bei, wem ich geneigt bin.
Freuden nach Weinen, nach Freuden säe ich Trauer,
100 nach Licht Finsternis, nach dem Finsteren Glanz.
Die höchste Ruhe ist für mich die Unbeständigkeit, die Zuverlässigkeit
der Kugel liegt in ihrer andauernden Bewegung.
Ich prophezeie, dass dir härteste Strapazen bevorstehen,
die das billige Ansehen des Lehramts hervorbringen wird.
105 Dieses war einst stark – jetzt ist es schlaff; blühte – ist dürr;
befahl – dient; trug Früchte – leidet Mangel.
Es blühen, die durch die Wurfspieße der Zunge die gerechten Fälle
zu verdrehen, die ungerechten zu rechtfertigen verstehen.
Es blühen, die der Puls der schwachen Ader bereichert,
110 die Ablagerung des Harns und die kotige Farbe.
Es blühen die Heuchler, Nachäffer der Weisen, die mit dem Stamm
Schatten spenden, die die Liebe zum Geld verbindet.
Es blühen, Abschaum der Menschen, die Possenreißer, die der Hof säugt,
die den Herren durch die Geschwätzigkeit der Zunge gefallen.
115 Es blühen die Schmeichler, deren Zunge unter dem Honig Gift
hervorbringt und die Unglücklichen durch Verrat bedrängt.
Sieh, ich werde für blind befunden, weil ich die Blinden erhebe, die Sehenden
niederdrücke, die Verkommenen nähre, die Guten verachte."

6 Die Hirnkammern

Unterdessen erhebt sich die belebende Kraft, keimt das Alter,
120 wächst die Vernunft heran und ist die dreifache Kammer verständig.

Prima capit; media discernit; tertia rerum
  Formas in thalamo posteriore tenet.
Fantasia sedet in prima; vis rationis
  In media; terna vim memorantis habet.
125 Praegnantes facit has sensus impressio, radix
  A quo totius cognitionis erit.

7

Ad se septenas, quae regnat in arte, puellas
  De se progenitas Philosophia vocat.
"Estis progenies, inquit, mea fida, parentis
130   Obsequiis fructus exhibitura boni.
Absque mea luce non lucet vestra lucerna:
  Est etiam vestrae lux mea lucis egens.
Quod seritis meto; quod plantatis colligo; quidquid
  Thesaurizatis arcula nostra tenet.
135 Inter vos gradus est soror in limine prima
  Primo, quae lactis ubera plena gerit.
Compositae vocis haec ponit semina, per se
  Quae vocem, quae non dent, elementa docet.
Dividit in quinque per se facientia vocem;
140   Est major numero cetera turba suo.
Mutas et liquidas numerat, quae sunt coeuntes
  Vocales monstrat vi remanente sua.
Simplicium modum generat, conglutinat apte
  Sermonis partes, scema tropumque facit.
145 Ex hac scintilla lumen facis enitet alte,
  Ex hoc seminio pullulat alta seges,
Ex hac radice ramosa supervenit arbor,
  Ex hoc fonticulo rivus abundat aquae.
Prima ministerio vernat soror, absque ministro
150   Ferre ministerium non valet illa suum:
Huic, quem fata vocant, concedite militet ejus
  Militiae, quae dant sidera signa ferat,

Die erste erfasst, die mittlere unterscheidet, die dritte hält
die Formen der Dinge im hinteren Gemach fest.
Die Fantasie sitzt in der ersten, die Kraft der Vernunft
in der mittleren, die dritte enthält die Kraft des Erinnerns.
125 Schwanger macht diese der Eindruck der Sinneswahrnehmung,
von der die Wurzel aller Erkenntnis ihren Ausgang nehmen wird.

7 Die Philosophie

Zu sich ruft die Philosophie, die in der Wissenschaft
herrscht, die sieben von ihr hervorgebrachten Töchter.
„Ihr seid", sagt sie, „meine treue Nachkommenschaft, dazu bestimmt, im
Gehorsam
130 gegen die Mutter die Früchte des Guten darzureichen.
Ohne mein Licht leuchtet eure Lampe nicht,
auch ist mein Licht eures Lichtes bedürftig.
Was ihr sät, ernte ich; was ihr pflanzt, lese ich zusammen; was immer
ihr an Schätzen ansammelt, umschließt unser Kästchen.
135 Unter euch ist die Stufe an der ersten Schwelle die erste
Schwester, die Brüste voller Milch trägt.
Sie sät den Samen verbundener Wörter. Welche Laute
von sich aus einen Ton geben und welche nicht, lehrt sie.
In fünf teilt sie die von sich aus einen Ton erzeugenden,
140 größer ist ihrer Zahl nach die übrige Schar.
Die stummen und die flüssigen zählt sie. Welche Vokale sich
unter Beibehaltung ihrer Kraft vereinigen, zeigt sie.
Die Art der einfachen Wörter bringt sie hervor, fügt passend
die Wortarten zusammen, erzeugt Figur und Tropus.
145 Aus diesem Funken strahlt hoch das Licht der Fackel auf,
aus diesem Samen keimt hoch aufragende Saat,
aus dieser Wurzel bricht ein weit verzweigter Baum hervor,
aus dieser kleinen Quelle flutet der Strom des Wassers.
Frühlingshaft erblüht die erste Schwester dem Dienst. Ohne einen Lehrer
150 ist sie nicht in der Lage, ihren Dienst aufzunehmen.
Ihm, den die Schicksalssprüche rufen, erlaubt, Kriegsdienst zu leisten in ihrem
Krieg, die Feldzeichen zu führen, die die Sterne anzeigen,

Excolat in vitem labruscam, transferat herbam
  In messem, faciat fructificare rubum,
155 Forma doctrinae vestros informet alumnos,
  Ut sic procedant ulteriore gradu.
Hic alphabeti versum dum ruminat, omnis
  Vestra latet virtus, vestra sepulta latet.
Ignorans atomos sermonis, quid sit elenchus
160 Nesciet, aut quae sit maxima, quidve locus;
Quo sit civilis ratio depicta colore
  Nesciet, aut quae sit quaestio quidve genus;
Quis numerus numerans latet hunc, quis sit numeratus,
  Quae radix, quae vis multiplicantis erit;
165 Quae sit, vel qualis, latet hunc symphonia vocum,
  Quae sit ter ternis vox modulanda modis;
Nescit quid punctus, planum, quid linea, spissum,
  Quam quadraturam circulus ipse capit;
Nescit quae stellae, quae sit natura planetae
170 Et quo sit stabilis retrogradusque modo.
Vester sic praeco, qui fati lege vocatur,
  Ubera grammaticae sobrietate bibat.
Si de lacte satur fuerit, contemnet alumnos
  Nec stomacho pascet esuriente rudes.
175 Accedat favor his!" Gremium subit iste prioris
  Germanae, lactis primitiasque trahit.

8

Imprimit *a* menti sugens ex ubere primo:
  Consequitur numero turba vocata suo;
Sugit quot constet elementis sillaba, partes
180 Quot sint sermonis, quae genus omne creant;
Sugit quid proprium sit cuique, quid accidat illi,
  Et quid simpliciter significando notet;

die wilde Rebe zu veredeln, das Kraut in die Ernte
hinüberzubringen, den Dornbusch Früchte treiben zu lassen,
155 durch die Form der Lehre eure Zöglinge zu formen,
damit sie so fortschreiten auf der letzten Stufe.
Während er die Reihe des Alphabets wiederkäut, ist all
eure Macht verborgen, liegt sie begraben.
Die Atome der Rede nicht kennend, wird er nicht wissen,
160 was eine Widerlegung ist, was ein Axiom oder was ein Topos.
Mit welcher Farbe die Politik bemalt ist,
wird er nicht wissen, was ein Redethema ist oder was eine Redegattung.
Was eine zählende Zahl ist, bleibt ihm verborgen, und was eine gezählte Zahl,
was die Wurzel, was die Kraft des Multiplizierens sein wird.
165 Was oder wie beschaffen der Zusammenklang der Stimmen ist, bleibt ihm
verborgen,
was die durch dreimal drei Intervalle zu bemessende Stimme ist.
Er weiß nicht, was Punkt, Ebene, was Linie, Tiefe,
welche Quadratur der Kreis selbst empfängt.
Er weiß nicht, was die Natur der Sterne und der Planeten ist
170 und auf welche Weise sie stabil oder rückwärtsläufig ist.
So soll euer Herold, der durch das Gesetz des Schicksals gerufen wird,
mit Mäßigkeit die Brüste der Grammatik trinken.
Ist er von der Milch gesättigt worden, wird er die Schüler verachten,
und mit hungrigem Magen wird er die Ungebildeten nicht füttern.
175 Möge ihnen Gunst widerfahren." Er taucht in den Schoß der ersten
Schwester ein und schlürft den ersten Ertrag der Milch.

8 Die Stillung

Aus der ersten Brust saugend, prägt er dem Geist ein ‚a' ein,
es folgt die ihrer Zahl nach herbeigerufene Schar.
Er saugt ein, aus wie vielen Lauten eine Silbe besteht, wie viele
180 Wortarten es gibt, die jede Redegattung erschaffen.
Er saugt ein, was einer jeden [Wortart] eigentümlich ist, was zu ihr hinzukommt
und was sie dem einfachen Bedeuten nach bezeichnet.

Sugit quae partes sint prima sede locatae,
    Quae sint quae sede posteriore sedent;
185 Ubere de reliquo bibit uberiore, maritet
    Dictio se sociae qua ratione suae;
Quae sit festiva, quae non constructio vocum,
    Et quot sint species illius inde bibit;
Quae sit congruitas sensus et vocis, utramque
190   Quae teneat, quae non, synthesis, inde bibit;
Quis modus excuset vitium, quot quaeque figura
    Distinctas species continet, inde bibit.

9

Sic famulo loquitur mater radixque loquelae:
    "Sit tibi mandati formula grata mei.
195 Disce prius quam dogma seras; si ducere caecum
    Vis, videas; primo te rege, deinde tuos.
Omnis doctrinae quia ponere semina debes,
    Aetas omnis erit discutienda tibi.
Aetatis cera doctrinae prima sigillum
200   Leniter accipiat, pollice ducta levi.
Dum sentis quae sit magis indurata, prematur
    Acrius assidue sollicitanda tibi.
Asperius debet tractari firmior aetas
    Uteturque meo consolidante cibo.
205 Donatus pueris puerilia donat uterque,
    In quo Remigius remigis usus erit.
Donatus recitat quid discipulis prohibebis
    Et quid permittes: hic decor, error ibi.
Doctoris Prisci gemino de corpore micas
210   Extrahe discipulis, contere, sparge tuis.
Quos usus veterum celebravit, lectio praesens
    Quos colit accentus quoslibet ille docet.
Exemplo doceas simul et verbo: studiosos
    Efficies pueros si studiosus eris:

Er saugt ein, welche Teile an erster Stelle platziert sind
und welche diejenigen sind, die an späterer Stelle stehen.
185 Aus der verbleibenden, üppigeren Brust trinkt er, wie
die Ausdrucksweise sich ihrer Gefährtin vermählt.
Welche Zusammenfügung der Worte angenehm ist und welche nicht
und was deren Unterarten sind, trinkt er daraus.
Was die Übereinstimmung von Sinn und Wort ist, welche Zusammensetzung
190 die beiden umschließt und welche nicht, trinkt er daraus.
Welche Art einen Fehler entschuldigt, wie viele verschiedene
Unterarten eine jede Figur umfasst, trinkt er daraus.

9 Die Grammatik

Folgendermaßen spricht zu ihrem Diener die Mutter und Wurzel der Rede:
„Die Regel meines Auftrags sei dir willkommen.
195 Lerne, bevor du die Lehrmeinung säst. Wenn du den Blinden
führen willst, sollst du sehen. Beherrsche zuerst dich, dann die Deinen.
Da es deine Pflicht ist, die Samen jeglicher Lehre zu säen,
wirst du jede Altersstufe untersuchen müssen.
Das erste Wachs des Alters soll sanft und mit leichtem
200 Daumen geführt das Siegel der Lehre empfangen.
Wenn du ein stärker verhärtetes [Wachs] spürst, soll das von dir
in Bewegung zu versetzende beständig heftiger gedrückt werden.
Strenger muss das kräftigere Alter behandelt werden,
und es wird meine stärkende Nahrung benötigen.
205 Knäbisches geben [*donat*] den Knaben die beiden Donate,
in denen Remigius des Ruderers [*remigis*] Bedürfnis sein wird.
Donatus trägt vor, was du den Schülern verbieten
und was erlauben wirst: hier Schmuck, dort Fehler.
Aus dem Zwillingskörper des altehrwürdigen [*prisci*] Lehrmeisters ziehe
210 deinen Schülern Krümel heraus, zermahle sie und streue sie ihnen aus.
Welche Akzente auch immer der Gebrauch der Alten in Ehren hielt,
welche die gegenwärtige Lektüre pflegt, das lehrt er.
Du sollst gleichzeitig durch Beispiel und Wort lehren. Eifrige
Knaben wirst du hervorbringen, wenn du eifrig sein wirst.

215 Verba monent, movet exemplum; verbum ferit aures,
   Exemplum cordis interiora subit.
   Occultos animi motus Natura ministrat,
   Signa tibi mentis exteriora dabunt.
   Cui frigescit amor studii, te flante calescit:
220 Flagrantis fax est exagitanda tibi.
   Est aliter fortis, aliter fragilis recreandus.
   Diversis durus, ingeniosus egent:
   Hic gaudet gravibus, hic planis; quid sit utrique
   Utile nostra comes fida, Poesis, habet.
225 Conserva stabiles precibus, revoca fugientes
   Pollicitis, timidis supprime lora nimis.
   Temperie vultus hilaris timidos refovebis,
   Intrepidos vultus fulminet ira tui;
   Indomitos reprime, mansuetos dilige, stultos
230 Argue, devotos dirige, carpe vagos;
   Corrige delicta verbis et verbere, verbis
   Asperius, virgis conveniente modo.
   Iratus, teneris discas mitescere; mitis,
   Discas irasci: sis feritate pius.
235 Languescit manuum labor immunis, labiorum
   Deficiens labor est fertilitatis egens.
   Mercedis firma spes suscitat ergo laborem,
   Et fructum pariat sollicitudo tibi.
   Dum messem pretii, quae fit medicina laboris,
240 Exigis, in trutina triplice pende patres.
   Sors favet er saevit: eget unus et alter abundat
   Rebus; sed medius inter utrumque sedet.
   Si pretium fuerit in paupertate negatum,
   Pro pretio Christi constituatur amor.
245 Mercedis parca, promissi prodiga cura
   Divitis esse solet: sic capit, ergo cave;

215 Die Worte mahnen, das Beispiel bewegt. Das Wort trifft die Ohren,
das Beispiel dringt ins Innere des Herzens ein.
Die Natur legt dir die geheimen Bewegungen der Seele vor,
das Äußere liefert dir Zeichen der Gesinnung.
Wem die Liebe zum Studium erkaltet, dem erwärmt sie sich, wenn du bläst,
220 die Fackel des Brennenden musst du erregen.
Auf unterschiedliche Weise müssen der Starke und der Zerbrechliche ge-
kräftigt werden,
Unterschiedliches benötigen der Plumpe und der Geistreiche.
Dieser freut sich über Ernstes, jener über Flaches. Was beiden jeweils
zuträglich ist, besitzt unsere treue Gefährtin, die Poesie.
225 Erhalte die Standhaften durch Bitten aufrecht, rufe die Fliehenden
durch Versprechen zurück, den allzu Furchtsamen ziehe die Zügel an.
Durch die Milde eines heiteren Gesichts wirst du die Furchtsamen wieder er-
wärmen,
die Unerschrockenen soll der Zorn deines Gesichts niederschmettern.
Die Ungezähmten halte zurück, die Sanften schätze hoch, die Törichten
230 rüge, die Anhänglichen lenke, packe die Zerstreuten.
Maßregle Vergehen durch Worte und Schläge, durch Worte
strenger, durch die Rute auf angemessene Art.
Als Zorniger sollst du in jungen Jahren lernen, dich zu besänftigen; als Sanfter
sollst du lernen, zu zürnen; in deiner Wildheit sollst du milde sein.
235 Es resigniert die ertraglose Arbeit der Hände, die erlahmende
Arbeit der Lippen ist der Fruchtbarkeit bedürftig.
Die feste Hoffnung auf ein Honorar treibt folglich die Arbeit voran,
und dein Eifer möge dir Früchte hervorbringen.
Wenn du die Ernte des Lohns einforderst, die zum Heilmittel der Arbeit
240 wird, so hänge die Väter an die dreifache Waage.
Das Schicksal begünstigt und wütet: Der eine ermangelt der Dinge und der
andere
hat sie im Überfluss, der Mittlere indessen steht zwischen diesen beiden.
Wenn der Lohn aus Armut verweigert wurde,
soll als Lohn die Liebe Christi festgesetzt werden.
245 Die Sorge des Reichen um das Honorar pflegt spärlich, um das Versprechen
verschwenderisch zu sein. So macht er Gewinn, also sieh dich vor!

Cum verbum floret, mens aret; cor gerit intus
    Quod linguae flores dissimulare student.
Certior es pacti de sorte patris mediocris;
250   Ejus de puero sit tibi cura prior.
Si tali teneas ratione regentis habenam,
    Non erit immunis cura laborque tuus."

10

Grammaticae famulans subit ingeniosa Poesis:
    Officii confert ulterioris onus.
255   Explicat haec legem metri, quid pes docet, addens
    Quid tempus, quot sint tempora cuique pedi,
Et quot syllabicis constet pes partibus, et quae
    Festinans, quae sit syllaba tarda docet.
Quis et quot pedibus constet lex quaeque metrorum
260   Et per quot genera sit variata docet.
Quod diversa metro non describuntur eodem,
    Sed res quaeque suo sit propriata docet.
Historias habet hexametrum, servitque querelae
    Pentametrum, laudes cetera metra canunt.
265   Excipit haec: "Una tibi pars ero magna laboris;
    Expedit ut vires experiare meas.
Est mihi materia quidquid capit ambitus orbis;
    Ludit in obsequio Philosophia meo.

11

Thematis initio quamvis varii famulentur,
270   Procedunt bini nobilitate modi.
Principium magis egregium per zeuma decorus
    Et per hypozeusim thematis ordo capit.
Zeuma vel a capite, medio, vel fine reducit
    Verbum. Sic lucet hoc sine nube tibi:

Wenn das Wort blüht, ist die Gesinnung dürr, das Herz trägt innen,
was die Blumen der Zunge zu verbergen trachten.
Sicherer hast du über das Schicksal des mittelmäßigen Vaters eine
Einigung erzielt,
250   die Sorge um seinen Knaben sei dir die vornehmlichste.
Wenn du auf solche Weise den Zügel des Herrschers hältst,
wird deine Sorge und Arbeit nicht ertraglos sein."

10 Die Poesie

Der Grammatik dienend, kommt die geistreiche Poesie heran,
sie trägt die Last eines weiteren Dienstes zusammen.
255   Sie erklärt das Gesetz des Versmaßes, was ein Fuß ist, lehrt sie, hinzufügend,
was (eine) Zeit ist, wie viele Zeiten ein jeder Fuß hat.
Aus wie vielen syllabischen Teilen ein Fuß besteht und was
eine eilige, was eine langsame Silbe ist, lehrt sie.
Aus welchen und wie vielen Füßen ein jedes Gesetz der Versmaße besteht
260   und durch wie viele Gattungen es variiert wird, lehrt sie.
Dass nicht Verschiedenes durch dasselbe Versmaß beschrieben wird,
sondern dass eine jede Sache dem ihren eigens zugeordnet ist, lehrt sie:
Das Geschichtliche beherrscht der Hexameter und der Klage dient
der Pentameter, Lob singen die übrigen Versmaße.
265   Sie fährt fort: „Ich allein werde einen Großteil deiner Arbeit ausmachen,
es ist nützlich, dass du meine Kräfte erprobst.
Stoff ist mir, was auch immer der Umlauf des Himmels umfasst,
die Philosophie spielt in meinem Gehorsam.

11 Der Anfang

Obwohl verschiedene Arten dem Eingang des Gegenstands dienen,
270   schreiten zwei an Vornehmheit voran.
Einen erleseneren Anfang erzielt die schickliche Ordnung
des Gegenstands durch das Zeugma und durch die Hypozeuxis.
Das Zeugma bezieht das Verb entweder vom Anfang, von der Mitte
oder vom Ende her. So leuchtet es dir unumwölkt:

275 Est Joseph flos naturae, fratrum medicina,
       Patris amor, matris gloria, stella domus.
     Est Judas puteus sceleris, despectio plebis,
       Faex rerum, pestis saeva, ruina boni. –
     Spem firmam, fidei petram, deitatis amorem,
280   Qua pateat clavem regia Petrus habet.
     Nequitiae laqueo, fidei damno, magicali
       Arte, Magus sceleris impietate valet. –
     Byssus munditiae, rosa martyrii Caterinam
       Commendat, Sinay cella, liquoris odor.
285 Traditio patriae, mors fratris saeva Medeam
       Vituperat, nati plaga, ruina senis.
     Jungit hypozeusis clausis sua singula verba.
       Lux exemplaris luceat ista tibi:
     Virgo Dei genitrix portum dedit, avia vitae
290   Expulit, excussit noxia, grata tulit.
     Eva parens prima luctum peperit, maledictum
       Intulit, attrivit gaudia, damna dedit.
     Iste duplex quicumque modus nubit generali
       Eloquio, quod vim thematis intus habet.
295 Crimine vilescit naturae gratia, sortis
       Gloria, fama viri, nobilitatis honor.
     Non poterit vera virtus sentire ruinam,
       Deficiendo perit effigiale bonum.

12

     Rem dilato brevem, brevio longam. Decet ambos
300   Me servare modos: aptus uterque mihi.
     Egregie plerumque loquor: nunc limite curro
       Difficili; plana nunc licet ire via.

275 *Joseph ist die Blüte der Natur, das Heilmittel der Brüder,*
die Liebe des Vaters, der Ruhm der Mutter, der Stern des Hauses.
Judas ist die Grube des Verbrechens, die Verachtung des Volkes,
der Abschaum der Dinge, die tobende Pest, der Untergang des Guten.
Feste Hoffnung, den Fels des Glaubens, die Liebe der Gottheit,
280 *den Schlüssel, durch den die Königsburg offensteht, hat Petrus.*
Durch den Strick der Nichtswürdigkeit, die Schädigung des Glaubens, die ma-
gische
Kunst, die Ruchlosigkeit des Verbrechens ist Magus stark.
Das Leinen der Reinheit, die Rose des Martyriums spricht für
Katharina, die Klosterzelle Sinai, der Duft der Flüssigkeit.
285 *Die Auslieferung des Vaterlandes, der grausame Tod des Bruders tadelt*
Medea, die Erschlagung des Sohnes, der Untergang des Alten.
Die Hypozeuxis verbindet ihre einzelnen Verben jeweils mit Sätzen.
Folgendes Licht des Beispiels soll dir leuchten:
Die jungfräuliche Mutter Gottes gewährte den Hafen, vertrieb die Ödnisse
290 *des Lebens, verscheuchte die Schuld, trug das Willkommene.*
Die erste Mutter Eva gebar Trauer, brachte
Fluch, zerrüttete die Freuden, bescherte Schädigungen.
Diese doppelte Art – egal welche – vermählt sich einem allgemeinen
Ausspruch, dem die Kraft des Gegenstands innewohnt:
295 *Durch Anschuldigung wird wertlos die natürliche Anmut, der vom Schicksal*
verliehene
Ruhm, der Ruf des Mannes, das Ansehen des Adels.
Nicht wird die wahre Tugend den Untergang zu spüren bekommen,
erlahmend geht das vorgetäuschte Gut zugrunde.

12 Ankündigung

Die kurze Sache erweitere, die lange kürze ich. Es gehört sich, dass ich
300 beide Arten beachte, deren jede mir angemessen ist.
Meistens spreche ich erlesen, bald eile ich auf dem schwierigen
Grenzweg, bald ist es erlaubt, auf ebenem Weg zu gehen.

13

Si mora longa placet nec sum brevitatis amica,
    Octo materiam sic ego tendo modis:
305 Pulchro circuitu rem vilem vito, decoram
    Dedico: periphrasis ista perita petit.
Sic qui mentitur *non verum dicere* dicis;
    Veracem dictis dicis *amare Deum*.
Vestio rem verbis variis: non est tenor idem
310 Verborum, sed quod significatur idem:
Dilige corde Deum; tota vi mentis inhaere
    Illi; pro toto posse sequaris eum.
Solemnis fuerat quondam collatio multis;
    Sed nunc, quando venit, rara, modesta venit:
315 *Non sine spineto crescit rosa: nec sine mundi*
    Tormento Domino vita placere potest.
Thematis in tractu mihi servit apostropha, sermo
    Cujus ad absentem se rapit arte sua.
Sic dic canonico: *Phaleris non te mihi praefer,*
320 *Sed vita casta, religione sacra.*
Sermonem quandoque rei ratione carenti
    Asscribo: servit prosopopeia mihi:
Obstrepit altare: "Dic, o pollute sacerdos,
    Qua tu praesumis sumere mente Deum?"
325 Desero materiam, quandoque relabor in illam
    Sic, ut non videar deseruisse tamen:
Herculeis digitis Anteus in aere pressus
    Languet, Lucani disgrediente stylo.
Verborum pompa descriptio gaudet, et illa
330 Utor, dum cursum tendere curo meum:
Est fidei doctor descriptus carne pudica
    Johannes, verbo Paulus, amore Petrus.
Rem certam pono, cujus contraria primo
    Tollitur: haec dempta cedit, et illa manet:

13 Erweiterung und Kürzung

Wenn der lange Aufenthalt gefällt und ich nicht die Freundin der Kürze bin,
dehne ich den Stoff auf die folgenden acht Arten.

305 Durch schöne Umschreibung meide ich die billige, ehre
die schickliche Sache. Dies strebt die verständige Periphrase an.
So sagst du von demjenigen, der lügt, er sage nicht die Wahrheit,
und von dem in seinen Worten Aufrichtigen sagst du, er liebe Gott.
Ich kleide eine Sache in verschiedene Worte. Der Wortlaut ist nicht

310 derselbe, aber was bezeichnet wird, ist dasselbe:
Liebe Gott von Herzen; hafte mit der gesamten Kraft deines Geistes
an ihm; mit aller Macht sollst du ihm folgen.
Gebräuchlich war einst bei vielen das Gleichnis,
wenn es dagegen jetzt erscheint, erscheint es selten und maßvoll:

315 *Es wächst keine Rose ohne Dorn, und es kann dem Herrn*
kein Leben ohne die Qual der Welt gefallen.
Bei der Dehnung des Gegenstands dient mir die Apostrophe, deren
Rede mittels ihrer Kunst zu einem Abwesenden forteilt.
Folgendermaßen sprich zu dem Kanoniker: *Nicht durch äußerlichen*
$\qquad\qquad\qquad\qquad\qquad$ *Schmuck hebe dich von mir ab,*

320 *sondern durch ein keusches Leben, durch heilige Gottesfurcht.*
Wann immer ich die Rede einem Ding zuschreibe, das der Vernunft
entbehrt, dient mir die Prosopopeia:
Der Altar braust auf: „Sprich, o sündhafter Priester,
in welchem Geist du dir anmaßt, Gott anzunehmen?"

325 Wann immer ich den Stoff verlasse, gleite ich so in ihn
zurück, dass ich ihn doch nicht verlassen zu haben scheine.
Antaios, durch Herkules' Finger gepresst in der Luft gehalten,
ermattet, während Lukans Griffel abschweift.
Am Prunk der Worte erfreut sich die Beschreibung, und diese

330 benutze ich, wenn ich darum bemüht bin, meinen Lauf auszudehnen.
Als Lehrer des Glaubens ist beschrieben worden durch das keusche Fleisch
Johannes, durch das Wort Paulus, durch die Liebe Petrus.
Ich präsentiere eine sichere Sache, deren entgegengesetzte zuerst
beseitigt wird. Diese weggenommene weicht, und jene bleibt:

335 *Non placeat, sed displiceat tibi gloria mundi:*
   Decipit, et vitam non parit, immo necem.
   Thematis a serie, quae sunt praedicta, rescindo,
   Si non propositum linea tendit opus.
   Participans, non conjunctum, sine remige casus,
340   Emphasis, abbreviant quatuor ista moram:
   Stat Christus judex; sedet impietas; cruce damnans
   Saevit; homo patitur, nil patiente Deo.

14

   Egregie loquor, communis transeo metas
   Sermonis, trita dum pudet ire via.
345 Est verbi novitas mihi dulcis, sic ego dico:
   Hic solet affines "canonicare" suos.
   Est in nominibus idem modus: *"Ursior" urso,*
   Tigride "tigridior", femina laesa furit.
   Voces jungo, sibi quae discordare videntur
350   Extra, quas intus pax sine lite ligat.
   "Dives" avarus "eget", lucrique "labore quiescit";
   Congregat; est vita "sordida munda" sibi.
   Dictio, cui non dat casus inflexio casum,
   In casus sede saepe sedere solet:
355 *Absque "sed" esto bonus, sine "vix" Domino famuleris;*
   Ne toleres poenam, sis sine "paene" pius.
   Alterius dictum sumo mihi; sumit amictum
   Taliter egregium saepe poema meum:
   "Consedere duces et vulgi stante corona"
360   *Pro populo Christus plurima probra tulit.*
   Est modus egregius, sed rarus: tempora muto
   Syllabicamque moram, cum ratione tamen:
   Producas alii quem corripuere laborem:
   Qui "labor" est aliis, hic tibi "labor" erit.
365 Pono commune fixum, vel mobile nomen,
   Ut sedem proprii vitet utrumque loci:

335 *Nicht soll dir gefallen, sondern missfallen der Ruhm der Welt:*
Er täuscht und gebiert nicht das Leben, vielmehr den Mord.
Aus der Reihung des Gegenstands reiße ich die Vorgenannten heraus,
wenn die Richtschnur das vorgenommene Werk nicht dehnt.
Partizipierendes, Unverbundenes, Kasus ohne Ruderer,
340 Emphase, diese vier kürzen den Aufenthalt ab:
Christus der Richter steht, die Ruchlosigkeit sitzt; zum Kreuz verurteilend
tobt sie; der Mensch leidet, während der Gott in keiner Weise leidet.

14 Der erlesene Ausdruck: Besonderheiten, Tropen (1)

Ich spreche erlesen, ich überschreite die Grenzen der gewöhnlichen
Rede, wenn es beschämt, auf ausgetretenem Weg zu gehen.
345 Die Neuheit des Verbs ist mir süß, ich spreche folgendermaßen:
Er pflegt seine Verwandten zu „kanonikieren“.
Bei den Nomen ist es dieselbe Art: *„Bärer“ als der Bär,*
„tigerer“ als der Tiger rast die verletzte Frau.
Wörter verknüpfe ich, die sich außerhalb zu widersprechen
350 scheinen, die innen der Friede ohne Streit verbindet:
Der gierige „Reiche“ leidet „Mangel“ und kommt durch die „Arbeit“ am Ge-
winn zur „Ruhe“,
er häuft zusammen, das „schmutzige“ Leben ist ihm „sauber“.
Ein Ausdruck, dem die Flexion des Kasus keinen Kasus zubilligt,
pflegt oftmals im Sitz des Kasus zu sitzen:
355 *Sei gut ohne „Aber“, ohne „Kaum“ sollst du dem Herrn dienen;*
um nicht Strafe zu erleiden, sollst du ohne „Fast“ gottesfürchtig sein.
Den Ausspruch eines anderen lege ich mir an. Oftmals legt sich
mein Gedicht ein solchermaßen auserlesenes Kleid an:
„Die Heerführer saßen beisammen, und vor der im Kreis stehenden Menge“
360 ertrug Christus für das Volk vielfältigste Demütigungen.
Es gibt eine erlesene, aber seltene Art. Ich ändere die Zeiten
und die silbenweise Dauer, aber mit Verstand:
Du sollst die Arbeit hinziehen, die andere zusammengerafft haben:
Was anderen „Arbeit“ ist, wird dir „ich gleite“ sein.
365 Ich setze ein gewöhnliches Substantiv oder Adjektiv so,
dass es jeweils den Sitz seines eigentlichen Ortes meidet:

Armati fidei "lorica", "fulmina" sancti
      "Saeva" tyrannorum non timuere viri.
Transumo proprium; probo vel reprobo; probo: *"Plato"*
370   *Hic est corde, "Cato" moribus, ore "Paris";*
Reprobo, si dicam: *"Rufinus" crimine, forma*
      "Tersites", "Simon" fraude, vir ecce venit.
In propria sede si torpet, transfero verbum,
      Extremaque magis in regione placet.
375   *Mundi divitiis "florent", qui moribus "arent";*
      Cui sors "arridet" prospera, corde "tumet".
Est positum semel improprie, proprieque tenetur
      Verbum; sub speculo res patet ista tibi:
"Exacuunt" linguas ad jurgia, tela maligni
380   *Ad bellum: quos non lancea, lingua "ferit".*
Vocem non unam, sed plures, transfero verbis.
      Sic aliis alia significata gero:
Qui docet invitum, "sua semina mandat arenae",
      "Abluit et laterem", "litus arare" studet.

15

385   Semita difficilis plerisque modis variatur,
      Quos ego percurro sub brevitate tibi:
Inventor signat inventum: *Copia "Bacchi"*
      Et "Cereris" causa criminis esse solet;
Inventumque notat inventorem: *Miserere,*
390   *"Psalmus" ait, postquam maxima culpa fuit.*
Designatur herus instrumento: *Dominatur*
      "Telum" pauperibus excruciatque pios.
"Pila" subegerunt partes sibi quaslibet orbis:
      Cedunt Romanis "pelta", "sarissa" suis.
395   Hoc quod inesse solet ex causa, saepius ipsi
      Assigno causae. Sic tibi dicta vide:

Gewappnet mit dem „Panzerhemd" des Glaubens, haben die heiligen
Männer die „wütenden Blitze" der Tyrannen nicht gefürchtet.
Ich übertrage einen Eigennamen, lobe oder tadle. Ich lobe: *Dieser ist ein*
„Plato"

370   *dem Herzen nach, ein „Cato" den Sitten nach, dem Aussehen nach ein „Paris".*
Ich tadle, wenn ich sage: *Sieh, dieser Mann kommt der Schuld nach als ein*
„Rufinus",
der Gestalt nach als ein „Thersites", dem Betrug nach als ein „Simon" daher.
Wenn es im eigenen Sitz erstarrt ist, übertrage ich ein Verb,
und besser gefällt es im entferntesten Gebiet:

375   *An Schätzen der Welt „blühen", die an Sitten „dürr sind";*
wem günstiges Schicksal „zulächelt", dem „schwillt" das Herz.
Ein Verb ist ein und dasselbe Mal uneigentlich gesetzt *und* wird im eigentlichen Sinn
beibehalten. Im Spiegel liegt dir dieser Sachverhalt offen:
Es „schärfen" die Zungen zum Streit und die Pfeile zum Krieg

380   *die Böswilligen; wen nicht die Lanze, den „trifft" die Zunge.*
Ich übertrage in einer Äußerung nicht eines, sondern mehrere Wörter,
so schaffe ich den anderen andere Bedeutungen herbei:
Wer den Unwilligen lehrt, „vertraut seine Samen dem Sand an"
und „wäscht den Ziegelstein", er versucht, „den Strand zu pflügen".

15 Der schwierige Weg: Tropen (2)

385   Der schwierige Pfad wird durch sehr viele Arten variiert,
die ich dir in Kürze durcheile.
Der Erfinder bedeutet die Erfindung: *Der Überfluss des „Bacchus"*
und der „Ceres" pflegt der Grund der Schuld zu sein.
Und die Erfindung bezeichnet den Erfinder: *Erbarme dich,*

390   *sagt der „Psalm", nachdem die Schuld am größten war.*
Der Eigentümer wird durch das Werkzeug bezeichnet: *Das „Wurfgeschoss"*
unterdrückt die Armen und peinigt die Gottesfürchtigen.
Die „Pila" haben sich alle beliebigen Teile des Erdballs unterworfen:
Ihren Römern weichen die „Pelta" und die „Sarissa".

395   Dasjenige, was aus einer Ursache zu resultieren pflegt, weise ich öfters
eben dieser Ursache zu. Folgendermaßen betrachte das dir Gesagte:

Felix qui victum quaerit "sudante" labore;
   Multis depascit corpora "macra" fames.
Multotiens sumo pro re, quae continet, ipsam
400   Contentam, talem vel retro flecto modum:
"Mens" se convertit peccatrix. "Curia caeli"
   Tota Deo laudes exhilarata canit.
Exprimo materiam; redolet rem, non sine forma.
   Istud in exemplo lucidiore patet:
405   *Praesulis in digito pretiosum fulgurat "aurum";*
   Illius in dextra nobile candet "ebur".
Carminis in textu delector ponere formam
   Pro re; sic, quod habet res, sua forma capit:
Regnat "stultitia"; servit "sapientia"; "virtus"
410   *Subjicitur; "vitium" praedominatur ei.*
Estque mei moris aliter conjungere voces
   Quam suus ordo petat. Forma sit ista tibi:
Luxuriam vitent pastores, plurima propter
   Scandala; pro cleri crimine turba labat.
415   Cursum sermonis mihi tendere convenit ultra
   Quam poscit veri regula recta pati:
Quem nummus, persona, preces, de tramite recti
   Non ducunt, judex sidera laude ferit.
Partem pro toto pono. Placet et vice versa
420   Totum pro parte ponere saepe mihi:
In terris "anima" prudens et justa laboret:
   Post carnis mortem nulla meretur "homo".
Unum per multa nunc innuo, multa per unum.
   Sit tibi jam dictae talis imago rei:
425   *Vicit Pompeium "romano milite" Caesar.*
   Huic intenta tamen "corda" fuere polis.
Affines sibi sunt quaedam voces, et abutor
   His. Gaudent sedes alterutrare suas.
Parva "breves" vires retinet statura virilis;
430   *Longo consilio magna carere solent.*

Glücklich, wer seinen Lebensunterhalt durch „schwitzende" Arbeit verdient;
vielen zehrt „magerer" Hunger die Körper aus.
Vielfach nehme ich für die Sache, die enthält, die enthaltene
400   selbst oder drehe die besagte Vorgehensweise um:
Der sündige „Geist" bekehrt sich. Der gesamte
heiter gestimmte „Hof des Himmels" singt Gott Loblieder.
Ich bringe den Stoff zum Ausdruck. Er riecht nach der Sache, nicht ohne
die Form.
Im leuchtenderen Beispiel liegt es dir offen:
405   *Am Finger des Bischofs blitzt das wertvolle „Gold",*
an seiner Rechten schimmert das vornehme „Elfenbein".
Ich finde Gefallen daran, im Gewebe des Gedichts die Form für die Sache
zu setzen. So erfasst, was die Sache hat, ihre Form:
Es herrscht die „Torheit", es dient die „Weisheit", die „Tugend"
410   *wird unterworfen, das „Laster" unterdrückt sie.*
Auch ist es nach meiner Gewohnheit, die Wörter anders zu verknüpfen,
als es ihre Ordnung verlangt. Folgendes diene dir als Modell:
Die Wollust sollen die Pfarrer meiden wegen vielfältigster
Verführungen, vor der Schuld eines Geistlichen schwankt die Menge.
415   Es passt mir, den Lauf der Rede weiter zu spannen,
als es der rechte Maßstab des Wahren hinzunehmen erfordert:
Derjenige Richter, den weder Geld noch Person noch Bitten vom Weg des Guten
abführen, stößt mit seinem Ruhm an die Sterne.
Ich setze den Teil für das Ganze, auch gefällt es mir oftmals,
420   umgekehrt das Ganze für den Teil zu setzen:
Auf Erden soll die kluge und gerechte „Seele" arbeiten:
Nach dem Tod des Fleisches erwirbt der „Mensch" nichts.
Eines kennzeichne ich bald durch vieles, vieles durch eines.
Folgendes diene dir als Bild der bereits gesagten Sache:
425   *Durch „den römischen Soldaten" besiegte Caesar Pompeius.*
Diesem waren „die Herzen" der Stadt dennoch zugeneigt.
Gewisse Wörter sind einander benachbart und ich missbrauche
sie. Sie freuen sich darüber, sich wechselseitig ihre Sitze darzubieten:
Die kleine männliche Gestalt hält die „kurzen" Kräfte zurück;
430   *große Taten pflegen der langen Beratung zu entbehren.*

16

Est via plana duplex: non floret prima; secunda
    Rhetoricis opibus deliciosa viget.
Prima curro via plana, gravitate relicta
    Omni: verba mihi quotidiana placent;
435 Succincte verbis praesentis temporis utor,
    Ut res gesta diu jam videatur agi:
Exit servus, habet urnam manibus; lapis obstat,
    Nutat pes; urna frangitur; ille gemit.

17

Planities picta tibi sit subscripta notanda.
440   Talis planities dulcis in aure sonat.
Ponam, nominibus tacitis, exempla colorum;
    Carmen depingo sic Ciceronis ope.
Sit laus, sit virtus, sit honor, sit gloria Christo!
    Sit decus! Estque decus; est sine fine decus.
445 *Quis pius est? Christus. Quis habet de virgine carnem?*
    Christus. Quis mundus crimine? Chritus homo.
Parentes minime quia peccavere parentes
    Primi, caesus ob id in cruce Christus obit.
In ligno vita moritur, de morte redempta.
450   *Christi viventis in nece vita datur.*
O miranda patris pietas, qua venit ab alto
    Filius, humanum vivificare genus!
Quem posset miseris genitor nato meliorem
    Aut quem majorem mittere, quemve parem?
455 *Cur misit? quia tempus erat. Quare? quia laesit*
    Hostis. Cur? homini perniciosus erat.
Est sapientis opus, hostis telum quod in omni
    Tempore provideat insidiantis ei.

16 Der ebene Weg (1): Keine Figuren

Der ebene Weg ist ein doppelter. Der erste blüht nicht. Der zweite,
durch die rhetorischen Mittel verwöhnte steht in voller Kraft.
Auf dem ersten der ebenen Wege laufe ich, wenn alle Schwere
zurückgelassen worden ist, die alltäglichen Worte gefallen mir.
435 Ich benutze kurzerhand Verben im Präsens,
so dass die lang schon ausgeführte Handlung gerade vollzogen zu werden
scheint:
*Der Diener geht hinaus; er hält einen Krug in den Händen; ein Stein ist im Weg,
der Fuß wankt; der Krug geht zu Bruch; jener klagt.*

17 Der ebene Weg (2): Wortfiguren

Die unten beschriebene gefärbte Ebene sollst du wahrnehmen,
440 eine solche Ebene klingt süß im Ohr.
Unter Verschweigung der Namen werde ich die Beispiele der Farben prä-
sentieren,
das Gedicht bemale ich so mit Ciceros Beistand.
*Es sei Lob, es sei Macht, es sei Ansehen, es sei Ruhm Christus!
Es sei Ehre, und es ist Ehre, es ist ohne Ende Ehre.*
445 *Wer ist gütig? Christus. Wer hat sein Fleisch von der Jungfrau?
Christus. Wer ist rein von Schuld? Christus der Mensch.
Weil die ersten Eltern, durchaus nicht gehorchend,
gesündigt haben, scheidet der dafür erschlagene Christus am Kreuz dahin.
Am Holz stirbt das Leben, vom Tod erlöst,*
450 *in der Tötung des lebenden Christus wird das Leben geschenkt.
O wunderbare Liebe des Vaters, durch die der Sohn aus der Höhe
kam, um das Menschengeschlecht zu beleben!
Wen hätte der Vater den Elenden besseren oder größeren
schicken können als den Sohn, wen seinesgleichen?*
455 *Warum hat er ihn geschickt? Weil es Zeit war. Weshalb? Weil der Widersacher
schadete. Warum? Er war dem Menschen gefährlich.
Es ist das Werk des Verständigen, dass er das Geschoss des Widersachers,
der ihm nachstellt, jederzeit vorhersieht.*

Hostis, qui cecidit, hominem vult stare? Vel illi
460   Damnatus cupiet ferre salutis opem?
Vulnerat incautos subito, sed non sibi prodest:
    Justum prosequitur, consequiturque nihil.
Fraudibus, insidiis, laqueis jugulat; vigilantem
    Nocte, die, psalmis, fletibus ille fugit.
465 Qui sibi praesidium parat in virtute Supremi,
    Hostis non poterit impietate premi.
Non Inimicus obest illi, qui se dat amicum
    Mandatis Domini, paret, obedit eis.
Et quia callidus est hostis, celer ad nocumenta,
470   Ne noceat caveas calliditate tibi.
Sit tibi pura fides: pollent pietate fideles;
    Sit tibi spes melior; sit tibi firmus amor.
Haec tria virtutis sunt semina, causa solutis.
    Ut salvus plene sis, operare bene.
475 Carnem vi mentis supera; propera documentis
    Sanctis munditiam cordis habere piam;
Si cariem carnis sequeris, virtute carebis:
    Est fomes vitii, foeda, canina caro.
Quare transgrederis? Num cogit mundus? At iste
480   Contemptus languet, nilque vigoris habet.
Num caro? Sed victa subjecta jacet rationi.
    Num daemon? Leviter sed superabis eum.
Est ergo culpae non ex te causa, sed in te:
    Sponte voluptatem concomitaris homo.
485 Te capit, et captum sternit, stratumque catenat,
    Teque catenatum ducit ad ima laci.
Est Sathanae laqueus peccatum, quo trahit omnes
    Ad mortis laqueum, quos laqueare potest.
Quomodo te fallit, audisti: quomodo punit,
490   Audi. Damnatum sulphuris igne premit;
Non premit, immo malum totum consumit in igne;
    Sed non consumi spiritus igne potest.

Will der Widersacher, der gestürzt ist, dass der Mensch steht? Oder wird der
Verdammte

460 *begehren, ihm zum Heil zu verhelfen?*
Er verwundet die Unvorsichtigen plötzlich, aber es hilft ihm nichts,
er verfolgt den Gerechten und hat keinen Erfolg.
Durch Täuschungen, Hinterhalte, Fallstricke mordet er. Den bei Tag, bei Nacht
unter Psalmen, unter Tränen Wachenden flieht er.

465 *Wer sich Schutz verschafft in der Macht des Höchsten,*
wird durch die Ruchlosigkeit des Widersachers nicht bedrängt werden können.
Nicht schadet der Feind demjenigen, der sich als Freund
den Befehlen des Herrn ergibt, ihnen folgt und gehorcht.
Und weil der Widersacher schlau ist und prompt in seinen Schädigungen,

470 *sollst du dich vorsehen, dass er dir nicht durch seine Schlauheit schaden kann.*
Dein Glaube sei rein, die Gläubigen sind mächtig durch Frömmigkeit;
deine Hoffnung sei besser; deine Liebe sei stark.
Diese drei sind die Samen der Tugend, die Ursache des Heils.
Um vollständig wohlbehalten zu sein, handle gut!

475 *Überwinde das Fleisch durch die Kraft des Geistes. Beeile dich,*
aus heiligen Lehren die fromme Reinheit des Herzens zu gewinnen!
Wenn du der Fäulnis des Fleisches folgst, wirst du der Tugend entbehren,
ein Zunder der Sünde ist das hässliche, hündische Fleisch.
Warum vergehst du dich? Zwingt etwa die Welt? Aber verachtet

480 *ermattet sie und hat keine Lebenskraft.*
Das Fleisch etwa? Aber besiegt und unterworfen unterliegt es dem Verstand.
Ein Dämon etwa? Aber leicht wirst du ihn überwinden.
Die Ursache der Schuld liegt folglich nicht außerhalb deiner, sondern in dir,
freiwillig machst du Mensch dich zum Gefährten der Lust.

485 *Sie fängt dich und wirft dich Gefangenen nieder und legt dich Niederge-*
worfenen in Ketten

und führt dich Geketteten in die tiefsten Tiefen des Sees.
Die Sünde ist ein Fallstrick Satans, durch die er alle
zum Fallstrick des Todes führt, die er bestricken kann.
Wie er dich täuscht, hast du gehört. Wie er dich bestraft,

490 *höre nun. Den Verdammten bedrängt er mit dem Feuer des Schwefels,*
bedrängt ihn nicht, vielmehr verzehrt er den Üblen vollständig im Feuer,
aber der Geist kann nicht vom Feuer verzehrt werden.

Praetereo quae sit poenarum maxima: non est
  Concessum misero posse videre Deum.
495 Peccatum mortem fecit, poenamque creavit,
  Causam corporeae debilitatis habet.
Poenas terrore fuge, vel virtutis amore:
  Poenae terrore sis, [sis] vel amore pius.
Est tibi proposita via vitae, vel via mortis;
500 Quam vis introeas: ista vel illa patet.
  Dic, homo perdite, perdite dic, cur negligis illum,
  Illum, qui pro te mortis amara bibit?
Vulnere detersit tua crimina, sanguine lavit:
  Hostem devicit supposuitque tibi.
505 Sed vitanda petis, miserande, petendaque vitas,
  Et fugienda facis, et facienda fugis.
Dic potius: "Tibi me committo, tuae pietati
  Totum submitto; parce, benigne Jesu!"
Nescio si "simplex" vel "stultus" sit tibi nomen;
510 Vel magis "insanus" hoc puto nomen erit.
Simplex, vel stultus, vel sis insanus oportet.
  Non es simplex, nam sunt mala nota tibi;
Non etiam stultus, quia nosti quo sit eundum:
  Quod sis insanus hac ratione patet.
515 Fraudibus intendis: auges bona temporis, illis
  Invigilas. Finis non tibi cura manet.
Summa dies veniet; positis in parte sinistra
  Dicetur... sed plus dicere nolo tibi.
Non est certa dies mortis: re certior omni
520 Mors est. Erroris ergo relinque viam.
Verborum sunt terdeni bis tresque colores,
  Quos sinus insertos carminis hujus habet.

Ich übergehe, was die größte der Strafen ist: Nicht ist
dem Elenden das Vermögen zugestanden, Gott zu sehen.
495 *Die Sünde hat den Tod erzeugt und die Strafe erschaffen,*
in ihr liegt die Ursache der körperlichen Schwachheit.
Aus Angst fliehe oder aus Liebe zur Tugend die Strafen,
aus Angst vor der Strafe sei oder aus Liebe fromm.
Vorgesetzt ist dir der Weg des Lebens oder der Weg des Todes,
500 *beschreiten kannst du, welchen du willst, dieser oder jener steht offen.*
Sag, verdorbener Mensch, Verdorbener, sag, warum beachtest du nicht jenen,
jenen, der für dich die Bitternisse des Todes getrunken hat?
Deine Verbrechen hat er durch seine Wunde abgewischt, durch sein Blut ab-
gewaschen,
den Widersacher hat er dir besiegt und unterworfen.
505 *Aber was zu meiden ist, erstrebst du, Bemitleidenswerter, und was zu erstreben*
ist, meidest du,
und was zu fliehen ist, tust du, und was zu tun ist, fliehst du.
Sag besser: „Dir vertraue ich mich an, deiner Gnade
ergebe ich mich ganz, schone mich, gütiger Jesus!"
Ich weiß nicht, ob du „Einfältiger" oder „Törichter" heißt,
510 *aber eher, denke ich, wird dein Name „Wahnsinniger" sein.*
Du musst entweder einfältig oder töricht oder wahnsinnig sein.
Du bist nicht einfältig, denn die Übel sind dir bekannt;
auch nicht töricht, denn du hast erkannt, wohin zu gehen ist;
dass du wahnsinnig bist, liegt durch diese Überlegung offen zutage.
515 *Den Täuschungen gibst du dich hin, du vermehrst die Güter der Zeit, über*
diese
wachst du, dir bleibt keine Sorge für das Ende.
Der letzte Tag wird kommen. Denen, die auf die linke Seite gestellt worden
sind,
wird gesagt werden… Aber mehr will ich dir nicht sagen.
Der Tag des Todes ist nicht sicher; sicherer als jede Sache
520 *ist der Tod. Verlasse deshalb den Weg des Irrtums.*
Es gibt sechsunddreißig Farben der Worte,
die der Bausch dieses Gedichtes in sich eingearbeitet enthält.

18

Thematis interior vultus cum vult redolere
 Floribus, hoc rerum scemata pono modo:
525 *Pastoris qui nomen habes, sis forma beatae*
 Vitae, quam debet subdita turba sequi.
Pace tua dico: non Christi, sed tua quaeris;
 Lucri te ducit exitialis amor.
Non minimum quod habes, nimium sed dicere volo,
530 *Divide, non cumula: pauper et inde ferat.*
Instrue subjectos, vel plebs, ut ovis vel ut haedus,
 Errabit; vigilans sis velut Argus ei.
Exemplum, dogma duo sunt: hoc instruit, illud
 Allicit. Errantem sic revocare potes.
535 *Illi non parcas: est fur, latro, leno, superbus,*
 Invidus, exactor, ambitiosus, iners.
Sordes evellas; exstirpe crimina, quantum
 Est in te, quantum sit tibi posse datum.
Saepe tibi dicas: "Ego non vivo mihi soli,
540 *Sed multis honor hic est aliunde datus."*
Insipiens audes de multis sumere curam,
 Prudens de paucis quam vir habere timet.
Daemon commissis tibi non minus insidiatur,
 Quam lupus esuriens insidiatur ovi.
545 *Sunteque malis plures justis, Nasone fatente:*
 Implentur numeris deteriora suis.
Quotidie, tamquam rapidus draco, circuit hostis,
 Quaerens quem rapiat unguibus, ore terat.
Est hosti fidei caput intonsum, gena fulta
550 *Barba, cui macies extenuata riget.*

18 Der ebene Weg (3): Gedankenfiguren

Wenn das innere Gesicht des Gegenstands nach Blumen duften
will, präsentiere ich die Figuren der Dinge folgendermaßen:

525 *Der du den Namen des Hirten trägst, du sollst ein Modell des seligen*
Lebens sein, dem die untergebene Schar zu folgen verpflichtet ist.
Mit deiner Erlaubnis spreche ich: Du strebst nicht nach dem, was Christi ist,
sondern nach dem Deinen,
dich leitet die unheilvolle Liebe zum Gewinn.
Das nicht eben Geringste, vielmehr möchte ich sagen: allzu Viele, das du hast,
530 *das teile und häufe nicht an, der Arme soll auch davon empfangen.*
Unterweise die Untergebenen, oder die Volksmenge wird wie das Schaf oder wie
das Böcklein
irregehen, sei wachsam über sie wie Argus.
Beispiel und Lehrmeinung sind zweierlei: Diese unterweist, jenes
lockt, den Irrenden kannst du so zurückrufen.
535 *Nicht sollst du ihn schonen: Er ist ein Dieb, ein Wegelagerer, ein Kuppler, hoch-*
mütig,
neidisch, ein Eintreiber, ehrsüchtig, träge.
Die Sünden sollst du ausreißen, rotte die Verfehlungen aus, so viel
an dir liegt, so viel Macht dir gegeben ist.
Oftmals sollst du dir sagen: „Ich lebe nicht für mich allein,
540 *sondern für viele ist [mir] dieses Ansehen anderswoher gegeben.“*
Du Unverständiger wagst es, für viele die Sorge zu übernehmen,
die für wenige zu tragen ein kluger Mann fürchtet?
Der Dämon stellt den dir Anvertrauten nicht weniger nach,
als der hungrige Wolf dem Schaf nachstellt.
545 *Und es gibt mehr Üble als Gerechte, wie Ovid bezeugt:*
Die Schlechteren sind erfüllt in ihren Zahlen.
Täglich, wie ein reißender Drache, geht der Widersacher umher,
auf der Suche, wen er mit seinen Krallen packen, mit seinem Schlund zermal-
men kann.
Dem Widersacher des Glaubens ist das Haupt ungeschoren, die Wange durch
einen Bart
550 *gestützt, dem die ausgedünnte Dürre emporstarrt.*

Iste sub hypocrisi permulcet nectare linguae
  Indoctos, virus inde propinat eis.
Acclamans aliis, pastori dicit aperte:
  "Cum tu nos doceas plurima, pauca facis.
555 Quod tua lingua sonat, manus hoc operetur"; at ille:
  "Non pensare manum, sed mea verbis velis."
Subjicit hic: "Ea, quae dicis, si vera putares,
  Expleres opere, quod tua lingua tonat."
Sic tua vita refert: "Licitum tibi, subdite, credas
560 Esse, tuus pastor quod facit absque metu."
Deminuit vita vires verbi mala, stultus
  Ut vix peccatum luxuriare putet.
Est hic egregius pastor prudensque patronus
  Curam commissi dignus habere gregis?
565 Et dixi, pastor, si corripitur, rubet; instes
  Plus, pallet; metus hinc patet, inde pudor.
Pallor et iste rubor, pastoris nuper in ore...
  Sed taceo: nolo dicere plura modo.
Si non pro meritis, sed pro virtute gravaris
570 Sola, non debes immemor esse Joseph.
Fraternus livor gravat hunc, Aegyptus honorat;
  Esuries fratres attrahit, ille fovet.
Gratia cum puero naturae plena faveret,
  Firmus ei patris invigilavit amor.
575 Insuper apta puer quia vidit somnia, fratrum
  Spiritus invidit: combibit ira dolum.
Praevidit dolus insidias. Puero veniente
  Dixerunt: "Somnus cui favet ecce venit.
Occidat et videamus ei quid somnia prosint."
580 Sed Deus innocuo vera medela fuit.
Venditus Aegypti praefectus claruit. Omnem
  Afflixit terram non moderata fames:
Suffecit panis Aegypto; namque salutis
  Sola Joseph cura dispositura fuit.

Heuchlerisch streichelt er mit dem Nektar der Zunge
die Ungebildeten und gibt ihnen Gift daraus zu trinken.
Den anderen zurufend, sagt er dem Pfarrer offen:
„Obwohl du uns vieles lehrst, tust du wenig.
555   Was deine Zunge schallt, soll deine Hand tun." Darauf jener:
„Wollest du nicht meine Hand, sondern meine Worte beurteilen."
Dieser versetzt: „Hieltest du das, was du sagst, für wahr,
du würdest durch das Werk erfüllen, was deine Zunge tönt."
Folgendermaßen entgegnet dein Leben: „Du, Untergebener, kannst glauben,
dass dir
560   erlaubt ist, was dein Pfarrer ohne Furcht tut."
Ein übles Leben vermindert die Kräfte des Wortes, so dass der Törichte
es kaum für eine Sünde hält, sich der Wollust hinzugeben.
Ist dieser erlesene Pfarrer und kluge Schutzherr
würdig, die Sorge für die ihm anvertraute Herde zu tragen?
565   Und ich habe gesagt: Wird er angegriffen, errötet der Pfarrer; insistierst du
weiter, erbleicht er; die Angst liegt hier offen zutage, dort die Scham.
Diese Blässe und Röte jüngst im Gesicht des Pfarrers
Aber ich schweige, mehr will ich jetzt nicht sagen.
Fühlst du dich nicht wegen der Verdienste, sondern wegen der Tugend allein
570   belastet, dann darfst du Joseph nicht vergessen:
Brüderliche Missgunst belastet diesen, Ägypten ehrt ihn;
der Hunger zieht die Brüder an, er pflegt sie.
Da dem Knaben die volle Gunst der Natur gewogen war,
verwandte die feste Liebe des Vaters große Sorge auf ihn.
575   Da der Knabe obendrein passende Traumbilder sah, war
der Geist der Brüder von Neid erfüllt. Der Zorn sog die List ein.
Die List traf Vorsorge für den Hinterhalt. Als der Knabe kam,
sagten sie: „Siehe, hier kommt, dem der Schlaf gewogen ist.
Er soll umkommen und wir sollen sehen, was ihm die Traumbilder helfen."
580   Aber Gott war dem Unschuldigen ein wahres Heilmittel.
Der Verkaufte glänzte als Befehlshaber Ägyptens. Die gesamte
Erde traf eine keineswegs mäßige Hungersnot.
Das Brot reichte für Ägypten, denn Joseph war bestrebt,
sich die alleinige Sorge um das Wohl zum Grundsatz zu machen.

585   *Defecitque Jacob alimonia, cumque timeret*
         Pro pueris, venit nuntia fama ferens:
       Fruges Aegyptus vendit. Fratres abierunt
         Deni, patre suo praecipiente Jacob.
       Deficiente cibo rursus rediere, parenti
590   *Dixerunt: vivit filius ecce tuus.*
       Spiritus illius et vita revixit, et inquit:
         "Ne mors praeveniat, vado videre Joseph";
       Venit in Aegyptum nato mediante receptus
         Israel, et Dominus multiplicavit eum.
595   Bis denis redolet hoc carmen floribus. Unum
         Excipe: non unum possidet ille locum.
       Hos via dictandi recipit flores; dabit illam
         Bernardi major Summa minorque tibi.

19

       Viribus apta suis pueris ut lectio detur,
600   Auctores tenero fac ut ab ore legas;
       Elige quod placet et lege; perlegis ecce sub uno
         Ordine, quos traxit gloria fama mei.
       Semita virtutum catus est Cato, regula morum,
         Quem metri brevitas verba polire vetat.
605   Veri cum falso litem Theodolus arcet;
         In metro ludit theologia sibi.
       Instruit apologis, trahit a vitiis Avianus,
         Sed carmen venit pauperiore colo.
       Aesopus metrum non sopit; fabula flores
610   Producit, fructum flos parit, ille sapit.
       Quae senium pulsant incommoda maxima scribit,
         A se materiam Maximianus habet.
       Vulnus amoris habet in pectore Pamphilus; illud
         Pandit et antidotum subvenientis anus.
615   Ludit Geta gemens quod captus Mercuriali
         Arte Jovem lectus Amphitryonis habet.

585 *Auch Jakob mangelte es an Nahrung, und während er um seine Knaben*
fürchtete, kam die Botin Fama und berichtete:
„Ägypten verkauft Früchte." Zu zehnt gingen die Brüder
auf Anordnung ihres Vaters Jakob fort.
Aus Mangel an Speise kehrten sie nochmals zurück, dem Vater
590 *sagten sie: „Siehe, dein Sohn lebt."*
Geist und Leben des Vaters erwachten erneut, und er sagte:
„Nicht soll der Tod mir zuvorkommen – ich gehe, um Joseph zu sehen!"
Nach Ägypten gelangte, durch Vermittlung seines Sohnes aufgenommen,
Israel, und der Herr schenkte ihm reiche Nachkommenschaft.
595 Dieses Gedicht duftet nach zwanzig Blumen. Eine
nimm aus, diese eine besitzt keinen Platz.
Die besagten Blumen empfängt der Weg des Dichtens. Diesen wird dir
die größere und die kleinere Summa Bernhards bereiten.

19 Der Autorenkatalog

Damit den Knaben eine ihren Kräften angemessene Lektüre zuteil wird,
600 sorge dafür, dass du vom zarten Mund an Autoren liest.
Wähle aus und lies, was gefällt. Siehe, hier durchliest du in einer einzigen
Reihe diejenigen, die der Ruhm und der Ruf des Meinen angezogen hat.
Ein Pfad der Tugenden ist der gewitzte [*catus*] Cato, ein Maßstab der Sitten,
dem die Kürze des Versmaßes verbietet, die Worte zu glätten.
605 Den Streit des Wahren mit dem Falschen hält Theodulus in Schranken,
im Versmaß spielt ihm die Theologie [*ludit Theologia*].
Durch Fabeln unterweist und zieht ab von den Lastern [*a vitiis*] Avianus,
doch stammt sein Gedicht von einem ärmlicheren Spinnrocken.
Aesop schläfert [*sopit*] das Versmaß nicht ein, die Fabel bringt
610 Blüten hervor, die Blüte gebiert eine Frucht, diese schmeckt [*sapit*].
Welch größte [*maxima*] Widrigkeiten auf das Greisenalter einschlagen,
schreibt
– und von sich selbst hat den Stoff – Maximianus.
Die Wunde der Liebe in der Brust hat Pamphilus, sie
offenbart [*pandit*] er und das Gegengift der hilfreichen Alten.
615 Seufzend [*gemens*] spielt Geta, weil das durch Merkurische Kunst
eingenommene Bett des Amphitryon Jupiter gefangen hält.

Persephones raptum qui compto carmine claudit,
Arte nec ingenio claudicat ille suo.
Statius Eyacidem stantem cultu muliebri,
620   Virtutem prodit calliditate viri.
Quam sollemnizat usus, tibi turba colenda
Ovidiana magis; quid ferat ille, patet.
Sunt libri satyrae Venusinae bis duo; vultus
Sit licet his durus, utilitate placent.
625   Non juvenis satyra sed maturus Juvenalis
Nudat nec vitium panniculare potest.
Verrucis animi non parcit Persius, alti
Ingenii, quamvis sit brevitatis amans.
Circuit et totum fricat Architrenius orbem,
630   Qualis sit vitii regio quaeque docet.
Vergilio servit triplex stylus, et tria thema
Praebent: bos et ager, historialis apex.
Statius eloquii jucundus melle duorum
Arma canit fratrum, sub duce quaeque suo.
635   Lucanus clarae civilia bella lucernae
Imponit, metro lucidiore canit.
Lucet Alexander Lucani luce; meretur
Laudes descriptus historialis honor.
Rufini sordes et virtutes Stiliconis
640   Cui dant thema sapit hic Eliconis opes.
Dat Frigus Dares veraci limite causam
Excidii Trojae, seditionis onus.
Instruit in Trojam Graecos et pandit Homerus
Quae vehat unda rates Argolicumque dolum.
645   Sidonei regis qui pingit proelia, morem
Egregium calamus Sidonianus habet.
Christicolas acies Solimarius armat in hostes
Christi, solius plenus amore crucis.
Herbarum vires declarant carmina Macri,
650   Servat melliniis hunc Medicina suis.

Der den Raub Persephones in ein gefälliges Gedicht einschließt [*claudit*],
hinkt [*claudicat*] weder in seiner Kunst noch in seiner Begabung.
Statius offenbart den in Frauenputz dastehenden [*stantem*] Aiakiden,
620   seine Mannhaftigkeit [offenbart er] durch die Schlauheit des Mannes.
Die der Gebrauch feiert, sorgfältiger zu traktieren ist von dir
die Ovidische Schar; was jener erzählt, ist kein Geheimnis.
Zweimal zwei Bücher Venusische Satiren gibt es; mag ihr Gesicht
auch hart sein, so gefallen sie doch durch ihre Nützlichkeit.
625   Es entblößt der nicht jugendliche [*iuvenis*], sondern reife Juvenal
durch die Satire das Laster und kann es nicht beflickstücken.
Nicht schont [*parcit*] die Warzen des Geistes Persius, von hoher
Begabung, auch wenn er ein Liebhaber der Kürze ist.
Es bereist und reibt der Architrenius den gesamten Erdkreis
630   und lehrt, wie beschaffen eine jede Region des Lasters ist.
Ein dreifacher Stil dient Vergil, und drei liefern
den Gegenstand: Rind und Acker, geschichtlicher Gipfel.
Statius, angenehm durch den Honig der Rede, besingt die Heeresmacht
zweier Brüder, eine jede unter ihrem Führer.
635   Lukan bürdet der hellen Lampe [*lucernae*] die Bürgerkriege
auf, er singt in leuchtenderem [*lucidiore*] Versmaß.
Es leuchtet [*lucet*] Alexander durch das Licht [*luce*] Lukans, Lob
verdient das hier beschriebene geschichtliche Ansehen.
Dem die Sünden des Rufinus und die Tugenden des Stilicho
640   den Gegenstand liefern, er schmeckt nach dem Beistand des Helikon.
In wahrhaftiger Grenze liefert [*dat*] Dares Phrygius die Ursache
der Zerstörung Trojas, die Last der Zwietracht.
Die Griechen unterweist im Kampf gegen Troja und es offenbart Homer,
welche Woge die Schiffe trägt und die argolische List.
645   Das die Kämpfe des sidonischen [*sidonei*] Herrschers malt, eine erlesene
Art hat das Sidonianische Schreibrohr.
Die christusverehrenden Schlachtreihen wappnet [*armat*] der *Solimarius*
gegen
die Gegner Christi, voller Liebe zum einzigen [*solius*] Kreuz.
Die Kräfte der Kräuter erklären die Gedichte Macers,
650   diesen errettet die Medizin durch ihre Honigsüße.

Naturas lapidum varias variosque colores
  Qui ponit, lapidem non sapit ille metro.
Petrus Riga, petra cujus rigat intima Christus,
  Legem mellifluo texit utramque stylo.
655 Contemnit paleas Sedulius; eligit aptas
  Res evangelii, sedulitate metri.
Non aret serie metri, sed floret Arator
  Doctus; apostolica facta decenter arat.
Virtutem prudens Prudentius armat in hostem;
660 Quo vitio victo gaudeat, ille docet.
Septenas quid alat artes describit Alanus,
  Virtutis species proprietate notat.
Tobias in agro veteri lascivit, et aeque
  Re juvat et metri nobilitate placet.
665 Ars nova scribendi speciali fulget honore,
  Rebus cum verbis deliciosa suis.
Quod pueri potent tibi *Doctrinale* propinat,
  Prisci doctoris utiliora legit.
Graecismus recitat peperit quas Graecia voces,
670 Quas Latium dat quae significata ferant.
Bis tres conjungunt prosae modulamina metri,
  Tali lectores alliciente modo.
Fontibus e sacris haurit quae dogmata fundit
  Prosper, doctrinae prosperitate placet.
675 Scribentis regit arte stylum Rufoque negante
  Laudem Matheus Vindocinensis habet.
Enumerat, probat exemplis *Liber aequivocorum,*
  Dictio quot sub se significata gerat.
Felici scribente stylo Felice Capella
680 Nubit Mercurio Philologia deo.
Eximia ratione boat Boetius, ut det
  Solamen misero Philosophia viro.

Der die verschiedenen Eigenarten und die verschiedenen Farben der Steine
präsentiert, nicht schmeckt er im Versmaß nach Stein.
Petrus Riga, aus dessen Fels [*petra*] Christus das Innerste benetzt [*rigat*],
webt beide Testamente mit honigfließendem Griffel.

655 Die Spreu verachtet Sedulius, passende Inhalte
des Evangeliums wählt er in der Emsigkeit [*sedulitate*] des Versmaßes aus.
Nicht ist dürr, sondern es blüht in der Reihe des Versmaßes der gelehrte
Arator, die apostolischen Taten durchpflügt [*arat*] er schicklich.
Die Tugend wappnet der kluge [*prudens*] Prudentius gegen den Widersacher

660 und lehrt, über welches besiegte Laster sie sich freut.
Was die sieben Künste nährt [*alat*], beschreibt Alanus,
die Unterarten der Tugend bezeichnet er durch ihre Eigentümlichkeit.
Tobias tollt auf dem alten Acker, und gleichermaßen
nützt er durch den Inhalt wie er durch die Vornehmheit des Versmaßes
gefällt.

665 Die neue Kunst des Schreibens erstrahlt in besonderem Ansehen,
angenehm in ihren Inhalten wie auch in ihren Worten.
Was Knaben trinken, schenkt dir das *Doctrinale* aus,
das Nützlichere des altehrwürdigen Lehrmeisters [*prisci doctoris*] liest es
zusammen.
Der *Graecismus* trägt vor, welche Bedeutungen diejenigen Wörter,

670 die Griechenland [*Graecia*] hervorgebracht hat, und diejenigen, die Latium
liefert, tragen.
Zweimal drei verbinden die Wohlklänge des Versmaßes mit Prosa
auf folgende die Leser verlockende Art und Weise.
Aus heiligen Quellen schöpft die Lehrmeinungen, die er ausgießt,
Prosper, durch die Fruchtbarkeit [*prosperitate*] der Lehre gefällt er.

675 Durch die Kunst des Schreibens beherrscht den Griffel und hat,
wenngleich Rufus dies verneint, das Lob inne Matthäus von Vendôme.
Es zählt auf und prüft an Beispielen der *Liber aequivocorum*,
wie viele Unterbedeutungen ein Ausdruck mit sich führt.
Während Felix Capella mit glücklichem [*felici*] Griffel schreibt,

680 vermählt sich die Philologie dem Gott Merkur.
Mit außerordentlichem Verstand brüllt [*boat*] Boethius, auf dass die Philosophie
dem elenden Menschen Trost spenden möge.

Tractatum titulos laudis Bernardus habentem
De gemina mundi partitione facit.

20

685 Quam plures alii metri dulcedine quadam
     Ducti se legi supposuere meae.
Hos taceo quos fama tacet, sed nolo tacere
     Quae teneat pueros metrica cura tuos.
Illos sollicitat dum metrica cura, cor urit;
690   Debent notitiam legis habere meae.
Ad numerum versus quod reddat quisque secundum
     Ingenii vires exige, coge suas.
Plana Neoptolemis metri via convenit; illa
     Tempore procedant conveniente sibi.
695 Cum fuerit vigor illorum major, magis illos
     Sollicites: currant tum graviore via.
Ergo vias metri graviores scire teneris,
     Quas ego distinxi pluribus ecce modis.

21

Sunt quae praemissis reddunt sua singula verba
700   Carmina, quae tali sunt modulanda modo:
Parcus, avens, cupidus   extendit, fabricat, auget
     Prata, domos, agros   fraudibus, arte, dolo.
Cor, manus, ingenium   fingit, parat, invenit   artem,
     Divitias, fraudem   mente, labore, dolo.
705 Sunt inventoris de nomine dicta Leonis
     Carmina, quae tali sunt modulanda modo:
Pestis avaritiae   durumque nefas simoniae
     Regnat in Ecclesia   liberiore via.
Permutant mores   homines, cum dantur honores:
710   *Corde stat inflato   pauper honore dato.*

Eine Abhandlung, welche die Ehrentitel des Lobs trägt,
verfertigt Bernardus über die doppelte Einteilung der Welt.

20 Metrik (1): Einleitung

685 Wie viele weitere haben sich, durch eine gewisse Süße des Versmaßes
angezogen, meinem Gesetz unterworfen!
Ich verschweige jene, die Fama verschweigt, nicht aber will ich verschweigen,
welche metrische Sorge deine Knaben ergreift.
Wenn die metrische Sorge sie umtreibt, versengt sie ihr Herz,
690 sie müssen über die Kenntnis meines Gesetzes verfügen.
Dass ein jeder gemäß den Kräften seiner Begabung
die Verse im Rhythmus wiedergibt, das fordere und erzwinge.
Der ebene Weg des Versmaßes entspricht den Neoptolemi, auf ihm
sollen sie in der ihnen entsprechenden Zeit voranschreiten.
695 Wenn ihre Lebenskraft größer geworden ist, sollst du sie heftiger
antreiben, sie sollen dann auf dem schwierigeren Weg dahineilen.
Folglich bist du gehalten, die schwierigeren Wege des Versmaßes zu kennen,
die ich dir, siehe, auf mehrere Arten unterschieden habe.

21 Metrik (2): *Versus rapportati* und gereimte Distichen

Es gibt Verse, die ihre einzelnen Wörter auf die vorausgeschickten
700 zurückwenden, die auf folgende Art zu dichten sind:
Der Sparsame, der Verlangende, der Begierige erweitert, verfertigt, vermehrt
Wiesen, Häuser, Äcker durch Täuschungen, durch Kunst, durch List.
Das Herz, die Hand, die Begabung ersinnt, erwirbt, erfindet die Kunst,
die Reichtümer, die Täuschung durch Geist, durch Arbeit, durch List.
705 Es gibt nach dem Namen ihres Erfinders Leo benannte
Verse, die auf folgende Art zu dichten sind:
Die Seuche der Habgier und das schwere Unrecht der Simonie
herrscht in der Kirche auf allzu ungehindertem Weg.
Ihre Sitten ändern die Menschen, wenn ihnen Ehren verliehen werden:
710 *Mit aufgeblasenem Herzen steht der Arme aufgrund der ihm verliehenen Ehre*
da.

Sunt et caudata simili quae fine tenentur
    Carmina, quae tali sunt modulanda modo:
Non lignis flamma, nec rebus cor satiari
    Praecupidum poterit in ratione pari.
715 *Quod prosit, non quod deceat cupidus sibi quaerit;*
    Sic in eo vitae regula justa perit.
Sunt medico quae conveniunt et fine vicissim
    Carmina, quae tali sunt modulanda modo:
719a *Si tibi nota seges   est morum, gratus haberis;*
719b   *Si virtutis eges,   despiciendus eris.*
720 *Criminibus mersos   toto conamine vites;*
    A vitiis tersos   cordis amore cites.
Sunt et caudatis pariter conjuncta Leonis
    Carmina, quae tali sunt modulanda modo:
Virtutem sequere,   virtutis praemia quaere;
725   *Omnia vana tere   lucis amore merae.*
Virtus laudis emit   pretium, bona res mala demit:
    Hanc dum lingua fremit,   pessima saepe premit.
Sunt ad principia quorum fines referuntur
    Carmina, quae tali sunt modulanda modo:
730 *Hoc moneo ne fas   fore credas, optima rerum*
    Ut carpas, verum   prodigiale nefas.
Est Domini donum   puri devotio cordis:
733   *Contemptus sordis   initiale bonum.*

22

735 Nomina nominibus se concubina maritant.
    Ad Christi matrem sic modulare piam:
Aaron virga, rubus Moysi, lampas paradisi,
    Caeli porta, decus virginitatis, ave!
Funda David, radix Jesse, vellus Gedeonis,
740   *Pacifici solium, foederis archa, vale!*

Auch gibt es geschweifte Verse, die durch ein gleiches Ende
gehalten werden, die auf folgende Art zu dichten sind:
Nicht wird die Flamme durch Holzscheite und nicht wird in entsprechender
Weise
das begierige Herz durch Dinge gesättigt werden können.

715 *Was nützt, nicht was sich schickt, sucht für sich der Begierige zu gewinnen,*
so geht in ihm der rechte Maßstab des Lebens zugrunde.
Es gibt Verse, die wechselseitig am Ende und in der Mitte
zusammenstimmen, die auf folgende Art zu dichten sind:

719a *Wenn dir die Saat der Sitten bekannt ist, wirst du als angenehm angesehen,*
719b *wenn du der Tugend entbehrst, wirst du zu verachten sein.*
720 *Die in Verbrechen Versenkten sollst du mit aller Anstrengung meiden,*
die von Sünden Reingewaschenen sollst du mit Herzensliebe herbeirufen.
Auch gibt es gleichzeitig mit den geschweiften [Versen] verbundene Verse
Leos, die auf folgende Art zu dichten sind:
Der Tugend folge, die Auszeichnungen der Tugend suche zu gewinnen,
725 *alles Eitle zermalme durch die Liebe des reinen Lichts.*
Die Tugend erwirbt den Preis des Lobs, die gute Sache beseitigt die Übel,
während die Zunge sie dahermurmelt, unterdrückt sie häufig Übelstes.
Es gibt Verse, deren Enden auf die Anfänge
bezogen werden, die auf folgende Art zu dichten sind:
730 *Dies mahne ich, dass du nicht glaubst, es werde das ungeheuerliche Unrecht,*
dass du das Beste aus den Dingen pflückst, wahres Recht sein.
Ein Geschenk des Herrn ist die Ergebenheit des reinen Herzens,
733 *die Verachtung der Niedertracht ein ursprüngliches Gut.*

22 Metrik (3): Wortartenkombinationen und Wortwiederholungen

735 Nomen gehen eine Liebesverbindung mit Nomen ein,
die gütige Mutter Christi bedichte folgendermaßen:
Stab Aarons, Dornbusch Mose, Leuchte des Paradieses,
Pforte des Himmels, Zierde der Jungfräulichkeit, sei gegrüßt!
Schleuder Davids, Wurzel Jesse, Vlies Gideons,
740 *Thron des Friedensstifters, Bundeslade, lebe hoch!*

Sunt metra verborum quae combinatio jungit.
  Ad Christi matrem sic modulare piam:
  Consolare, queror; retine, trahor; erige, labor;
    Respice, seducor; auxiliare, premor.
745 *Deficio, refice; languesco, medere; putresco,*
    Ablue; delinquo, corrige; tardo, trahe.
  Solum cum solo se jungit nomine verbum.
    Ad matrem Christi sic modulare piam:
  Captivo succurre; malo miserere; gravato
750   *Compatiare; pigro consule; surge reo.*
  Aspires fragili; faveas humili; domineris
    Subjecto; remove flebile; tolle malum.
  In metris clausas distinguit dictio triplex.
    Ad Christi matrem sic modulare piam:
755 *Excute naufragii fluctum; concede salutis*
    Portum; depressis propitiare viris.
  Femineum sexum conforta; bella malorum
    Pacifica; precibus imperiosa juva.
  Praesumo voces, quas ordine deinde resumo.
760   Ad Christi matrem sic modulare piam:
  Clerum cum populo pia pacifica, rege munda
    Mundi per maria, stella Maria maris.
  Pacifica pacis mater, rege, filia regis,
    Munda mundana flamine plena sacro.
765 Haec quae subscripsi sunt metra reciproca dicta,
    Dimidium primi fine sequentis habent:
  Filia flecte patrem natum materque precare
    Pro natis Evae, filia flecte patrem.
  Praevia stella maris de mundi redde procella
770   *Tutos; succurre, praevia stella maris.*
  Retro recurro, metra scando dum talia: *Justis*
    Supplico virgo tibi sacra, repelle probra.

Es gibt Verse, die die Kombination der Verben verbindet,
die gütige Mutter Christi bedichte folgendermaßen:
Tröste mich, ich klage; halte mich zurück, ich werde gezogen; richte mich auf,
ich gleite aus;
Gib acht auf mich, ich werde verführt; hilf mir, ich werde bedrängt.

745 *Ich erlahme, belebe mich; ich ermatte, heile mich; ich verfaule,*
reinige mich; ich verfehle mich, weise mich zurecht; ich säume, ziehe mich!
Ein einzelnes Verb verbindet sich mit einem einzelnen Nomen,
die gütige Mutter Christi bedichte folgendermaßen:
Dem Gefangenen eile zu Hilfe, des Üblen erbarme dich, mit dem Bedrückten

750 *habe Mitleid, für den Trägen sorge, erhebe dich für den Angeklagten!*
Dem Zerbrechlichen sollst du beistehen, dem Niedrigen gewogen sein, für den
Untergebenen
herrschen; entferne das Beweinenswerte, nimm das Übel fort!
Innerhalb der Verse unterscheidet ein dreifacher Ausdruck die Sätze,
die gütige Mutter Christi bedichte folgendermaßen:

755 *Beseitige die Woge des Schiffbruchs, gewähre den Hafen*
des Heils, sei niedergedrückten Männern gnädig!
Das weibliche Geschlecht stärke, die Kriege der Üblen
befriede, durch Fürbitten Gebietende hilf!
Ich stelle Wörter voran, die ich anschließend der Ordnung nach wieder
aufnehme,

760 die gütige Mutter Christi besinge folgendermaßen:
Versöhne, Gütige, den Klerus mit dem Volk, lenke, Reine,
über die Meere der Welt, Meerstern Maria!
Stifte Frieden, Mutter des Friedens, herrsche, Tochter des Herrschers,
reinige das Weltliche, vom Heiligen Geist Erfüllte!

765 Diejenigen, die ich nachfolgend hingeschrieben habe, sind reziprok genannte Verse,
sie enthalten die Hälfte des ersten am Ende des folgenden:
Als Tochter erweiche den Vater und als Mutter bitte den Sohn
für die Kinder Evas, als Tochter erweiche den Vater!
Vorausgehender Meerstern, aus dem Sturm der Welt gib sie geschützt

770 *zurück, eile zu Hilfe, vorausgehender Meerstern!*
Rückwärts eile ich, wenn ich solche Verse skandiere: *Von den Gerechten,*
flehe ich dich, Heilige Jungfrau, an, lass die Schmähungen abprallen.

Probra repelle; sacra tibi virgo supplico justis.
Talia dum scando metra, recurro retro.

23

775 Legem pentametri quaedam quae non patiuntur
   Carmina sunt variis sic modulanda modis:
   Virgo beata   salusque parata,   benigna precanti,
778 Dona rogata   dabis cumulata   tibi famulanti.
780 Solvere vincula,   pellere singula   noxia cures;
   Sunt mala saecula,   sunt modo regula   pessima plures.
   Qui regis omnia,   tolle prementia   matris amore,
   Da tua gaudia   fine carentia   sive dolore.
   Cum sentis,   mentis sit pax; mala fare reatus
785 Ad matrem,   patrem matris fuge, flere paratus.
   Fac, pia,   flagito,   regia,   clamito,   stirpe puella,
   Hostica   spernere,   caelica   cernere,   splendida stella.
   Fac pia regia,   flagito, clamito,   stirpe puella,
   Hostica caelica   spernere cernere,   splendida stella.
790 Spes miserorum   duxque piorum,   florida vitis,
   Fons bonitatis,   lex pietatis,   sis mihi mitis.
   Cellula mellis,   fundis odorem,   virgo serena,
   Nescia fellis,   cui dat honorem   nostra Camena.
   Optima rerum,   lux mulierum,   dirige clerum;
795 Hanc, homo, cura   flectere pura   non prece dura.
   Tradideris   miseris   sceleris   purgamina servis;
   Tutus erit,   poterit,   reperit   qui te, pia, quaerit.
   Felices sunt illae linguae, dicere mille
   Quae poterunt tibi laudes,   caeli culmine gaudes.
800 Grata parata veni, quaerenti certa reperta,
   Dia Maria, Dei genetrix pia, digna, benigna.

Abprallen lass die Schmähungen, an flehe ich, Heilige Jungfrau, dich, von den Gerechten.
Wenn ich solche Verse skandiere, eile ich rückwärts.

23 Metrik (4): Reim und Wortwiederholungen beim Hexameter

775 Gewisse Verse, die das Gesetz des Pentameters
nicht dulden, sind folgendermaßen auf verschiedene Art zu dichten:
Selige Jungfrau und bereitetes Heil, dem Bittenden gewogen,
778 *die erbetenen Gaben wirst du angehäuft dem dir Dienenden darreichen.*
780 *Die Fesseln zu lösen und jede einzelne Schuld zu verscheuchen, sollst du Sorge tragen;*
schlecht sind die Zeiten, und der schlechteste Maßstab sind eben jetzt die Vielen.
Die du alles beherrschst, nimm das Bedrängende fort mit mütterlicher Liebe,
reiche deine Freuden dar, die des Endes entbehren wie auch des Schmerzes.
Wenn du fühlst, herrsche Friede des Geistes; als Angeklagter verkünde die Übel,
785 *zur Mutter, zum Vater der Mutter fliehe, bereit zu weinen!*
Ich verlange, ich schreie: Gütiges, der Abstammung nach königliches Mädchen,
mach das Feindliche verschmähen, das Himmlische erkennen, glänzender Stern!
Gütiges, verlange ich, schreie ich, der Abstammung nach königliches Mädchen,
mach verschmähen und erkennen das Feindliche und das Himmlische, glänzender Stern!
790 *Hoffnung der Elenden, Führerin der Frommen, blühende Weinrebe,*
Quell der Güte, Gesetz der Frömmigkeit, sei mir milde gestimmt!
Kammer des Honigs, Duft verströmst du, heitere Jungfrau,
der Galle Unkundige, der unsere Camena Ehre erweist.
Bestes der Dinge, Licht der Frauen, lenke den Klerus;
795 *sie, o Mensch, trage Sorge zu erweichen durch ein reines, nicht hartes Gebet!*
Den elenden Dienern wirst du Mittel zur Sühne des Verbrechens überreicht haben,
es wird geschützt sein, es wird fähig sein, es findet, wer dich, Gütige, sucht.
Glücklich sind die Zungen, die dir tausendfaches
Lob werden sagen können, die du dich des Gipfels des Himmels erfreust!
800 *Anmutige, Bereite, komm, dem Suchenden Sichere, Gefundene,*
göttliche Maria, gütige Mutter Gottes, Würdige, Gewogene!

Carmina fingo modo, sed quae modo carmina fingo
Qualiacumque fero, sed quae fero qualiacumque
Scribere jussit honor, sed honor quae scribere jussit,
805   Est regina poli meliori carmine digna.
*Sordibus im*mundos mundos *fac esse re*gentes
Gentes, *o Domina, mina; prece da, bene*dicta
Dicta, *remor*dentes dentes *vitare re*bellis
Bellis, *tor*mentis mentis *qui gaudet: ad*esto,
810   Esto, *non* rosa rosa, *solamen miserorum.*
. Lumen sanctorum, spes mitis, regia mater,
Sanctorum requies, trepidi dux, vitis honorum,
Spes trepidi, miseri reparatrix, semita pacis,
Mitis dux, reparatrix mundi, juris origo,
815   Regia vitis, semita juris, gloria dulcis,
Mater honoram, pacis origo dulcis, aveto.

24

Pluribus in metris ea, quae debes imitari,
   Vidisti; quae sunt effugienda, vide.
Pentameter debet vinclum vitare sequentis
820   Hexametri. Foedus anterioris habet.
Hexametro nunquam, vel raro, quam parit una
   Syllaba vel quina, dictio finis erit.
Pentameter praeter dissyllaba cuncta relegat
   Sedis postremae de regione suae.
825   Crebrae concurrunt vocales: surgit hiatus:
   Hunc hostem series carminis omnis habet.
Litera non veniat eadem repetita frequenter
   Et nimis assidue: displicet illa metro.
Ejusdem verbi repetitio tollit honorem
830   Versiculo, si sit immoderata nimis.
Adducunt labem voces, quas terminat idem
   Finis, si veniat saepius absque modo.

Ich forme gerade Verse, aber die Verse, die ich gerade forme,
reiche ich wie auch immer beschaffen dar, aber die ich wie auch immer beschaf-
fen darreiche,
befiehlt die Ehre zu schreiben, aber die Ehre, die sie zu schreiben befiehlt,
805 *ist die eines besseren Gedichtes würdige Königin des Himmels.*
Lass die reinen die durch Sünden unreinen Geschlechter
beherrschen, o Herrin, treibe an, gib aufgrund des Gebets, gesegnet
Geheißene, dass wir den wiederholt zubeißenden Zähnen des Widersachers
entweichen,
der sich an Kriegen und Martern des Geistes erfreut; hilf,
810 *so sei es, nicht benagte Rose, Trost der Elenden!*
Licht der Heiligen, milde Hoffnung, königliche Mutter,
Ruhe der Heiligen, Führerin des Rastlosen, Weinrebe der Ehren,
Hoffnung des Rastlosen, Wiederherstellerin des Elenden, Pfad des Friedens,
milde Führerin, Wiederherstellerin der Welt, Ursprung des Rechts,
815 *königliche Weinrebe, Pfad des Rechts, süßer Ruhm,*
Mutter der Ehren, Ursprung des süßen Friedens, sei gegrüßt!

24 Metrik (5): Zu vermeidende Fehler

In mehreren Versen hast du dasjenige, was du nachahmen musst,
gesehen; was zu fliehen ist, siehe nun.
Der Pentameter muss das Band des folgenden Hexameters
820 meiden, er hat ein Bündnis mit dem vorhergehenden.
Beim Hexameter wird niemals – oder nur selten – ein Ausdruck,
den eine einzige Silbe hervorbringt oder deren fünf, das Ende bilden.
Der Pentameter verbannt außer dem Zweisilbigen alles
aus dem Gebiet seines hintersten Sitzes.
825 Zahlreiche Vokale stoßen zusammen, es entsteht ein Hiat –
diesen hat die Ordnung des gesamten Gedichts zum Gegner.
Derselbe Buchstabe soll nicht häufig und allzu beharrlich
wiederholt vorkommen, sonst missfällt er dem Versmaß.
Die Wiederholung ein und desselben Wortes raubt dem Verslein
830 sein Ansehen, wenn sie allzu unmäßig ist.
Einen Makel bringen Wörter mit sich, die dasselbe Ende
abschließt, wenn es öfters und ohne Maß vorkommt.

Lucida si verbi trajectio vel manifesta
   Non fuerit, metro dedecus illa sedet."

25

835 Talibus instructus sedet in laqueo laborinti,
   Carcere clamoso luctisonaque domo.
Tarda venit gravitate pedum Genitrix elegorum;
   Maesta refert, maesti compatiendo malis:
"Affligunt miserum cathedrae pestes, labor, ira
840   Paupertas: te plus torquet avara manus,
Quae non dat gratis, quod gratia postulat, immo
   Se facit ingratam conditione Deo.
Gratia quem genuit, Simoniae filius esse
   Audet: pro pretio spirituale locat,
845 Formandi pueros venditque licere, nec illud
   Dissuadet Simonis perditione timor.
Quae Veterum statuit celebris devotio, tollit,
   Vel minuit, plene percipienda negat.
Vel dat avaritiae velamen legis iniquae,
850   Jus fingit, quod te cogit habere ratum.
Mercedis socius, sed non vult esse laboris;
   Absque metu, quod non seminat, ipse metit.
Hic jubet, estque tibi parere necesse jubenti
   Prompta servitii sedulitate tui.
855 Si non mancipii ritu mandantis obedis
   Praeceptis, pacis integritate cares.

26

Hoc etiam deflet querimonia nostra laboris
   Quod sic decrescunt emolumenta tui.
Sudoris pretium mendax astutia, primum
860   Quod tibi promisit, apocopare solet.

Wenn die Übertragung eines Wortes nicht einleuchtend oder begreiflich
war, sitzt sie als Schandfleck im Versmaß."

25 Die Elegie (1): Die Lehrerlaubnis

835 Solchermaßen unterwiesen, sitzt er in der Schlinge des Laborinths,
im schreierfüllten Kerker und traurigtönenden Zuhause.
Mit der langsamen Schwere ihrer Füße kommt die Mutter der elegischen
Verse,
mitleidend mit den Übeln des Traurigen berichtet sie Trauriges:
„Dich Unglücklichen treffen die Seuchen des Lehramts: Arbeit, Zorn,
840 Armut. Mehr noch martert dich die habgierige Hand,
die nicht dankbar gibt, was die Dankbarkeit fordert, sich vielmehr
angesichts der Schöpfung als undankbar erweist gegenüber Gott.
Den die Gnade hervorgebracht hat, er wagt es, ein Sohn
der Simonie zu sein, für Geld verpachtet er das Geistige
845 und verkauft die Erlaubnis, die Knaben zu formen, und dies
widerrät ihm nicht die Furcht vor der Vernichtung Simons.
Was die berühmte Ergebenheit der Alten festgesetzt hat, hebt er auf
oder mindert er, das vollkommen Einzusehende leugnet er.
Auch verleiht er der Habgier den Schleier des schiefen Gesetzes,
850 er erfindet ein Recht, das gelten zu lassen er dich zwingt.
Ein Gefährte des Honorars, nicht aber der Arbeit will er sein,
ohne Furcht erntet er, was er selbst nicht sät.
Er gebietet, und du kannst nicht umhin, dem Gebietenden
in der eifrigen Emsigkeit deiner Knechtschaft zu gehorchen.
855 Wenn du nicht nach Art des Kaufsklaven den Vorschriften des Befehlenden
Gehör schenkst, entbehrst du der Unversehrtheit des Friedens.

26 Die Elegie (2): Der Lohn

Dies auch beweint unsere Klage, dass die Erträge
deiner Arbeit folgendermaßen abnehmen.
Den Lohn des Schweißes, den sie dir zuerst versprochen hat,
860 pflegt die lügnerische Verschlagenheit zu apokopieren.

Hic pretium tibi dimidiat, totum negat alter,
  Vociferans natum nil didicisse suum.
Iste dedisse tibi jurat quod non dedit. Ille
  Dat mellis verbo plurima, pauca manu.
865 Ne merces pereat tua, mercenarius actor
  Tristis ad antidotum judiciale fugis.
Judicis examen si quid dat, dividit illud
  Lingua patronantis, nec tua bursa tumet.

27

Est tibi causa tuae paupertatis triplicata,
870 Major prima, secundaque maxima, magna sequensque.
Corruptae quidam sunt indolis, ut meliora
  Displiceant, placeant deteriora sibi.
Factis illicitis, inhonestis, turpiter audent
  Aetatis florem depretiare suum.
875 Non placet his cera, sed nummus; non stylus, immo
  Talorum jactus; non trocus, immo globus.
Pro studio cauponam, pro doctore tabernae
  Provisorem, pro codice scorta colunt.
Cum non sunt puri, nec sunt pueri; puerile
880 Nil faciunt, nec se purificare solent.
Depuerant pueros alios vitiis quia puros
  Inficiunt: scabie sic ovis urget oves.
Effrenes quosdam vexat vesania mentis;
  Frenum non dat eis excoriata cutis.
885 Non hos mel verbi, monitus urtica, cicuta
  Virgarum paci conciliare potest.
Jurgia dictamen, convicia lectio, pugna
  Metrum, lis norma talibus esse solet.
Jurgia dulcescunt, sapiunt convicia, pugna
890 Convenit, et redolent litigiosa feris.

Einer halbiert dir den Lohn, der andere verweigert ihn ganz,
laut schreiend, sein Sohn habe nichts gelernt.
Dieser schwört, dir gegeben zu haben, was er nicht gegeben hat, jener
gibt sehr viel mit dem Honigwort, wenig mit der Hand.
865 Damit dein Honorar nicht verloren geht, fliehst du als trauriger
Kläger um den Tagelohn zum gerichtlichen Heilmittel.
Wenn die Untersuchung des Richters etwas abwirft, teilt dies
die Zunge des Anwalts, und dein Geldbeutel ist nicht geschwollen.

27 Die Elegie (3): Die Schüler

[Der Grund deiner Armut ist dir verdreifacht,
870 größer der erste und der zweite am größten und groß der folgende.]
Etliche sind von verdorbenem Naturell, so dass sie
Missfallen am Besseren und am Schlechteren Gefallen finden.
Durch unerlaubte, unehrenhafte Taten wagen sie
die Blüte ihrer Jugend schändlich zu entwerten.
875 Nicht gefällt ihnen die Wachstafel, sondern die Münze; nicht der Griffel,
vielmehr
das Werfen der Würfel; nicht der Spielreif, vielmehr der Ball.
Statt des Studiums ehren sie die Schenke, statt des Lehrers den Versorger
des Wirtshauses, statt des Buchs die Dirnen.
Da sie nicht rein sind, sind sie auch keine Knaben, sie tun
880 nichts Knabenhaftes und pflegen sich nicht zu reinigen.
Sie entknaben die anderen Knaben, weil sie die Reinen mit Lastern
anstecken, mit der Krätze bedrängt so das Schaf die Schafe.
Etliche Zügellose treibt die Raserei des Geistes um,
keinen Zügel legt ihnen die gebläute Haut an.
885 Nicht kann sie der Honig des Worts, die Brennnessel der Mahnung, der
Schierlingssaft
der Ruten für den Frieden gewinnen.
Solchen pflegt das Schreiben Zank, das Lesen Streit, das Versmaß
Kampf, die Regel Auseinandersetzung zu sein.
Den Wilden ist der Zank süß, schmeckt der Streit, gefällt
890 der Kampf und duften die Querelen.

Decipiunt multi natura vulpis iniquae,
  In ficta fabricant simplicitate dolos.
Angelicum vultum praetendunt, daemonis artem
  Occultant, fraudis ebrietate fluunt.
895 Limum sub gemma, sub melle tegunt aconita,
  Spinam sub flore, sub speculoque lutum.
Gaudent si socios occulte laedere possint,
    Insontes culpis insimulare student.
Simplicitas simulata, mali simulatio simplex
900   Incautos telo praegraviore ferit.
Non paucos inflat ventosa superbia, pestis
  Luciferi, caeli perniciosa lues.
Forma, scientia, res parat haec, parit illa ruinam;
  Impia mater adest, impia nata ruit;
905 Elatosque parens haec perniciosa, ruinae,
  Invidiae proles duplicitate necat.
Hi spernunt humiles nullosque pares patiuntur;
  Cunctis se paribus dispariare student;
In reliquis dominari, prae reliquis venerari
910   Arbitrioque volunt liberiore frui.
Argueris verbis: vesciae more tumescunt;
  Ranizare parant turgidiore sono.
Castiges virgis: furit indignatio; vultus
  Defluit, ut cera liquitur igne nova.
915 Sunt hebetes: formam prius inscribes adamanti
  Quam capiant, quod eis traditione seris.
Incus contemnit ictus, et ager lapidosus,
  Quamvis grana seris, fructificare negat.
Malleat assidue, nec ferrea corda monetat
920   Lingua, caput cruciat labilitate tuum.
Sunt qui doctrinae cedunt velut unda sigillo:
  Quod subito capiunt, inveterare nequit.
Est cerebrum fluidum, vas futile, vas sine fundo,
  Vas in quo fusi nil remanere potest.

Viele täuschen in der Art des feindseligen Fuchses,
in gespielter Einfalt schmieden sie Listen.
Ein Engelsgesicht tragen sie zur Schau, die Kunst des Dämons
halten sie verborgen, von der Trunkenheit der Täuschung triefen sie.
895 Den Kot verstecken sie unter dem Edelstein, unter dem Honig die Gift-
tränke,
den Dorn unter der Blüte, unter dem Spiegel den Dreck.
Sie freuen sich, wenn sie ihre Gefährten heimlich verletzen können,
die Unschuldigen trachten sie der Schuld zu bezichtigen.
Die simulierte Einfalt, die einfältige Simulation des Boshaften
900 trifft die Unvorsichtigen mit überaus schwerem Geschoss.
Nicht wenige bläht der windige Hochmut [*superbia*] auf, die Pest
Luzifers, die verderbenbringende Seuche des Himmels.
Schönheit, Wissen, Besitz: Dies bereitet, jene [*superbia*] gebiert den Sturz.
Die ruchlose Mutter ist zur Stelle, die ruchlose Tochter stürzt,
905 und die Überheblichen gebärend, tötet der verderbenbringende
Sprössling des Sturzes, des Neids durch sein doppeltes Spiel.
Sie verachten die Demütigen und dulden keine Gleichen,
allen Gleichen versuchen sie sich ungleich zu machen.
Die anderen unterdrücken, mehr als die anderen geehrt werden
910 wollen sie und in einem allzu freien Willen schwelgen.
Du kannst sie durch Worte tadeln: Nach Art der Blase schwellen sie an
und machen sich daran, in geblähterem Ton zu quaken.
Du kannst sie durch Ruten züchtigen: Es rast die Entrüstung, das Gesicht
zerfließt, so wie frisches Wachs im Feuer schmilzt.
915 Es gibt Stumpfe: Eher wirst du einem Diamanten die Form einschreiben,
als dass sie aufnehmen, was du ihnen durch die Lehre säst.
Der Amboss trotzt den Schlägen, und der steinige Acker
weigert sich, Früchte hervorzubringen, wie viele Körner du auch säst.
Es hämmert beharrlich und versieht die eisernen Herzen doch mit keiner
Prägung
920 die Zunge, in ihrer Schwäche quält sie deinen Kopf.
Es gibt solche, die der Lehre ausweichen wie die Welle dem Siegel,
was sie plötzlich aufnehmen, kann nicht alt werden.
Ihr Gehirn ist flüssig, ein durchlässiges Gefäß, ein Gefäß ohne Boden,
ein Gefäß, in dem nichts Hineingegossenes verbleiben kann.

925 Quos facit instabiles levitas mentis, locus unus
    Non placet his studii, sed duo, sive decem.
Est certus super his ut qui cauda tenet anguem:
    Servitii poscis emolumenta: fugit.
Prothea praesentant alii; variata voluntas
930 Exterius vultum divariare solet.
Displicet his quod jam placuit, studioque petita
    Spernunt, jam spreta concelebrare student.
Mane, petendo scolas, qui cum testudine serpunt,
    Saltatu leporis vespere tecta petunt.
935 Quaelibet hora brevis discendi longa videtur,
    Cessandique dies emutilata sibi.
Doctrinae verbum placet invitis ita, sicut
    Taxus api, catto balnea, virga cani.
Non poterunt Algorismi bis quinque figurae
940 Causas offensae dinumerare tuae.

28

Pestis majoris querimonia nostra laboris
    Non poterit breviter non meminisse tui.
Cor tibi decoxit curae studiique caminus,
    Afflixit corpus Parisiana fames.
945 Sicut Parisius est divitibus paradisus,
    Sic est pauperibus insatiata palus.
Deinde tibi fornax fuit Aurilianis, alumna
    Auctorum, Musae fons, Heliconis apex.
Unde reversus eras audatus veste, lacerna,
950 Pallidus, exilis corpore, rebus inops.
Sed nunc cura gregis te mancipat, urit et artat
    Officii jure, sedulitate, metu.
Pervigilata tibi face nocturna, recitata
    Saepius excerebrat lectio mane caput.
955 Taedia multa tibi surgunt, sibi condita quisque
    Dum reddit, solo te residente loco.

925 Diejenigen, die die Leichtigkeit des Geistes unstet macht, finden nicht
an einem, sondern an zwei oder an zehn Studienorten Gefallen.
Über sie hat man Kontrolle, wie wenn man die Schlange am Schwanz fest-
hält:
Du forderst die Erträge der Knechtschaft, sie flieht.
Proteus verkörpern andere, ihr wechselhafter Wille
930 pflegt das Äußere wechselhaft erscheinen zu lassen.
Ihnen missfällt, was ihnen einst gefiel, und das mit Eifer Erstrebte
verschmähen sie, das einst Verschmähte sind sie eifrig zu betreiben bemüht.
Die morgens zur Schule strebend mit der Schildkröte kriechen,
mit dem Hüpfen des Hasen streben sie abends der Wohnung zu.
935 Jede noch so kurze Stunde des Lernens scheint ihnen lang
und ein Tag des Untätigseins [dadurch] verstümmelt.
Das Wort der Lehre gefällt den Unwilligen ebenso wie
die Eibe der Biene, dem Kater das Bad, die Rute dem Hund.
Nicht werden die zweimal fünf Figuren des *Algorismus*
940 die Gründe deines Ärgers aufzählen können.

28 Die Elegie (4): Die Arbeit

Unsere Klage wird nicht umhinkönnen,
kurz des größeren Unglücks deiner Arbeit zu gedenken.
Das Herz hat dir der Ofen der Sorge und des Studiums gargekocht,
den Körper der Pariser Hunger heimgesucht.
945 Wie Paris den Reichen ein Paradies ist,
so ist es den Armen ein unersättlicher Sumpf.
Dann war Orléans dein Ofen, Ernährerin
der Autoren, Quell der Muse, Gipfel des Helikon,
woher zurückgekehrt du der Kleidung und des Mantels entblößt warst,
950 bleich, dürr am Körper, der Dinge entbehrend.
Jetzt aber unterwirft, versengt und bedrängt dich die Sorge für die Herde
durch die Macht, die Emsigkeit, die Furcht des Dienstes.
Die bei nächtlicher Fackel durchwachte, wiederholt rezitierte
Lesung betäubt dir morgens den Kopf.
955 Größter Überdruss steigt in dir auf, wenn ein jeder das Selbstverfasste
von sich gibt, während du alleine auf der Stelle sitzt.

Nec minus affligit te declamatio mane
Et sero pueris continuata tuis.
Dicere materias puerorum viribus aptas
960 Crux gravis est curae quotidiana tuae.
Versus audire, naevos ostendere, limam
Addere, non levis est versiculosa lues.
Quamvis quotidie repetas dictando salute,
Eventu tamen est haec aliena tibi.
965 Dogmatis in cathedra de lana saepe caprina
Officium sedis judicialis habes.
Surgunt hinc inde puerili mente querelae,
Aures convellit vox lacrimosa tuas.
Partibus auditis quidquid disponis in illis,
970 Virgae censura praecipis esse ratum.
Res onerosa tibi culpis infligere poenam,
Multotiens multas dissimulare graves.
Si tua dissimulat industria pro puerili
Culpa, lingua patris asperitate furit.
975 Respondet culpae sua debita poena, parentum
Te pulsant irae, jurgia, probra, minae.
Computus omnis erit insufficiens numerare
In cathedra lites quot patiare graves.
Quod sit onus, nec honor, probat experientia veri,
980 Diversas rudium tot cohibere manus.
Ascendunt cathedram qui non didicere, docere
Praesumunt, spondent plurima, pauca ferunt.
Plus nomen sine re, quam rem sine nomine quaerit
Simia doctoris: hoc patet, illa latet.
985 Indocto doctus cedit, quia plus placet alter,
Quo placata manus substituentis erit:
Psittacus anseribus, cornici cignus, alauda
Ascalapho, corvo dat Philomena locum.
Fessa labore viae metam figo, metra claudo:
990 Claudico, pes nutat integritate carens."

Nicht weniger macht dir der früh und spät
für deine Knaben fortgesetzte Vortrag zu schaffen.
Den Kräften der Knaben angemessene Stoffe zu erzählen,
960 ist das tägliche schwere Kreuz deiner Sorge.
Verse anzuhören, Makel aufzuzeigen, die Feile
anzulegen, ist eine nicht leichte, ‚geverselige' Pest.
Obwohl du täglich schreibend das Wohlergehen wiederholst,
ist dir dieses dem Ereignis nach gleichwohl fremd.
965 Im Lehrstuhl versiehst du oft das Amt
des richterlichen Vorsitzes über Ziegenwolle.
Von hier und dort erheben sich aus knäbischem Geist Beschwerden,
deine Ohren erschüttert eine tränenreiche Stimme.
Nachdem du die Parteien gehört hast, verfügst du unter Androhung der Rute,
970 dass Gültigkeit besitzt, was auch immer du ihnen gegenüber festlegst.
Eine lästige Angelegenheit ist es dir, den Verfehlungen die Strafe zuzufügen
und viele schwere [Verfehlungen] in vielfältiger Weise zu verheimlichen.
Wenn sich dein Fleiß zugunsten der knäbischen Schuld
in Heimlichkeit übt, wütet die Zunge des Vaters in Bitterkeit.
975 Der Schuld antwortet die ihr gebührende Strafe, es schlagen Zornaus-
brüche,
Zankereien, Beschimpfungen und Drohungen der Eltern auf dich ein.
Alle Berechnung wird nicht hinreichend sein, um aufzuzählen,
wie viele schwere Auseinandersetzungen du auf dem Lehrstuhl erduldest.
Dass es beschwert und nicht ehrt, die einzelnen Hände so vieler
980 Ungebildeter abzuwehren, beweist die Erfahrung der Wirklichkeit.
Es erklimmen den Lehrstuhl, die nichts gelernt haben, sie wagen
zu lehren, versprechen viel und bieten wenig.
Mehr den Namen ohne die Sache als die Sache ohne den Namen erstrebt
der Nachäffer des Lehrers: Ersterer liegt offen, letztere verborgen.
985 Dem Ungelehrten weicht der Gelehrte, weil ein anderer besser gefällt,
durch den die Hand des Einstellenden besänftigt sein wird.
Der Papagei räumt den Gänsen, der Krähe der Schwan, die Lerche
der Eule, dem Raben die Nachtigall den Platz.
Der Arbeit müde, setze ich dem Weg ein Ende, schließe ich die Verse.
990 Ich hinke, es schwankt der der Unversehrtheit entbehrende Fuß."

29

Sarcina doctoris qualis sit, qualis habena,
Percurri calamo fragili. Calamus subit ecce
Alter, cujus erit non magna diaeta docenti.
Sollicito non sit ignota peritia, cujus
995 Clauditur in numero vis tota: quod indicat ejus
Nominis indicium: numerum nos dicimus illud,
Quod Graeci rigmon. Trahit hinc ars rigmica nomen.
Et sunt qui numerant tria: membrum, syllaba, finis
Consimilis melica vox, cujus mel pluit auri.
1000 Est rigmus varius: simplex est unus, et alter
Compositus. Simplex, cujus non sunt variatae
Partes, sed similes. E contra non habet aequas
Compositus, sed dissimiles. Modulatio rigmi
Simplicis est varia, quae tali luce resplendet
1005 Exempli. Videant oculi quod dicitur auri.

30

1. Fac, Maria,
Coecis via,
Maris stella,
Dei cella,
Me vitare
Et calcare
Mundi caenum
Malo plenum.

29 Rhythmik (1): Einleitung

Welcher Art die Bürde des Lehrers ist, welcher Art sein Zügel,
habe ich mit zerbrechlichem Schreibrohr durcheilt. Siehe, es nähert sich ein
zweites
Schreibrohr, dessen Tagespensum für den Lehrenden nicht groß sein wird.
Ich veranlasse, dass jene Praxis nicht unbekannt sei, deren
995   gesamte Kraft in der Zahl beschlossen liegt, was bereits das Anzeichen
ihres Namens anzeigt: „Zahl" nennen wir dasjenige,
was die Griechen „Rhythmus" nennen, daher bezieht die rhythmische Kunst
ihren Namen.
Und es gibt drei, die zählen: Verszeile, Silbe, lyrisches Wort
mit gleichem Ende, dessen Honig ins Ohr regnet.
1000   Der Rhythmus ist verschiedenartig, einfach ist der eine und der andere
zusammengesetzt: einfach, dessen Teile nicht
verschieden, sondern gleich sind. Im Gegensatz dazu hat der zusammengesetzte [Rhythmus]
keine gleichmäßigen, sondern ungleiche [Teile]. Verschiedenartig ist das
Grundmaß
des einfachen Rhythmus, das dir im folgenden Licht des Beispiels
1005   widerstrahlt. Die Augen sollen sehen, was dem Ohr gesagt wird.

30 Rhythmik (2): Einfache Rhythmen mit spondeischem Reim

1.   *Lass, Maria,*
Weg der Blinden,
Stern des Meeres,
Kammer Gottes,
mich meiden
und niedertreten
den Schmutz der Welt,
voll des Schlechten!

2. Sordibus immundus
   Non est mundus mundus.
   Ejus in sentina
   Gravis est ruina.
   Quamvis sit in hora
   Florens, sine mora
   Mundi res arescit
   Et cito decrescit.

3. Hic mundus est sophista:
   Quod promittit in ista
   Via vitae non solvit,
   Ad alios devolvit
   Quaesitum in labore,
   Possessum in timore.

4. In vestitu deaurato
   Quae assistis regi nato,
   Virgo mater speciosa,
   Mundi placa procellosa.

5. Florens rosa sine spina,
   Dulcis aegro medicina,
   Culpae veniam propina.
   Medicinam aeger quaero.
   Si me sanas, sanus ero:
   De te, rosa, non despero.

6. Mundi salus et regina
   Aurem tuam huc inclina
   A tabe me serpentina
   Purga; mundum fac, festina.
   Caeli decus et lucerna,
   Thronus regis, lux superna,
   Angelorum laus aeterna,
   In hoc salo me guberna.

2.   *Unrein durch Sünden,*
     ist die Welt nicht rein,
     in ihrem Kielwasser ist
     schweres Verderben.
     Wie sehr sie auch zur Stunde
     blühen mag, ohne Aufschub
     verdorrt die Sache der Welt
     und schwindet rasch dahin.

3.   *Diese Welt ist ein Sophist,*
     was sie verspricht, löst sie
     auf diesem Lebensweg nicht ein.
     Anderen lässt sie
     das in Arbeit Erworbene,
     in Furcht Besessene zurollen.

4.   *Die du dem in vergoldeter Kleidung*
     geborenen König beistehst,
     schöne Jungfrau-Mutter,
     besänftige das Stürmische der Welt!

5.   *Blühende Rose ohne Dorn,*
     süßes Heilmittel des Kranken,
     gib die Vergebung der Schuld zu trinken!
     Ich Kranker suche das Heilmittel,
     wenn du mich heilst, werde ich gesund sein,
     an dir, Rose, verzweifle ich nicht.

6.   *Heil der Welt und Königin,*
     neige dein Ohr hierher,
     von der Fäulnis der Schlange
     säubere mich, mach mich rein, beeile dich!
     Zierde und Lampe des Himmels,
     Thron des Herrschers, himmlisches Licht,
     ewiger Ruhm der Engel,
     steuere mich auf diesem bewegten Meer!

31

7. Ave, vena veniae,
   Fons misericordiae,
   Castitatis lilium,
   Trinitatis solium.

8. Ave, mater regia,
   Regis nati filia,
   Virgo paris nescia;
   Salus in exilio,
   Mitis consolatio,
   Me commenda Filio.

9. Ex te, virgo virginum,
   Lucet lumen luminum;
   In salutem hominum
   Caeli paris dominum.
   In tenebris oritur
   Lux, quae non extinguitur
   Nec eclipsim patitur,
   Sine qua nec vivitur.

10. Christus, redemptor saeculi,
    Pro culpa sui populi
    Teneri morte voluit,
    Suos perire noluit.

11. Quae bibit mortis pocula
    Christus in cruce singula
    Sunt miseris piacula.
    Quod factum est divinitus,
    Hominis cessat servitus,
    Qua tenebatur subditus.

31 Rhythmik (3): Einfache Rhythmen mit jambischem Reim

7. *Sei gegrüßt, Ader der Gnade,*
   Quell der Barmherzigkeit,
   Lilie der Keuschheit,
   Thron der Dreifaltigkeit!

8. *Sei gegrüßt, königliche Mutter,*
   Tochter des geborenen Königs,
   Jungfrau, die keinen Gatten kennt!
   Heil in der Verbannung,
   milder Trost,
   empfiehl mich dem Sohn!

9. *Aus dir, Jungfrau der Jungfrauen,*
   leuchtet das Licht der Lichter,
   zum Heil der Menschen
   gebierst du den Herrn des Himmels.
   In der Dunkelheit geht
   ein Licht auf, das nicht gelöscht wird
   und keine Verfinsterung erleidet
   und ohne das man nicht leben kann.

10. *Christus, der Erlöser der Welt,*
    wollte für die Schuld seines Volkes
    vom Tod ergriffen werden,
    nicht wollte er, dass die Seinen untergehen.

11. *Die Becher des Todes, die Christus*
    am Kreuz getrunken hat, sind einzigartige
    Sühneopfer für die Elenden.
    Durch göttliche Fügung ist es bewerkstelligt worden,
    die Knechtschaft des Menschen hört auf,
    durch die er in Unterwerfung gehalten wurde.

12. Pati Christum oportuit.
Hostem vicit ut debuit,
Sub carnis veste latuit
In luctu qui praevaluit.
Arcem regens aetheream
Assumptae carnis trabeam
Cruore vexit rubeam
Ad regiam sideream.

32

13. In coena Christo sedente
Voluptatis de torrente
Potavit Johannes mente.
Mente Johannes potavit
Et ei, dum exulavit,
Caelum Deus revelavit.
Revelavit Deus caelum:
Illi vovit carnis velum
Quod non sentit hostis telum.

33

1006 Simplicium species concordi lege marites:
Compositas generant. Quali modulamine currant
Hujus in exempli speculo speculeris aperte.

14. Crucis triumphale lignum
  A cunctis fidelibus
Praedicetur laude dignum
  In terrarum finibus.

12.   *Es war nötig, dass Christus litt.*
      Den Widersacher besiegte er, wie er sollte,
      unter dem Kleid des Fleisches war er verborgen,
      der in der Trauer die Oberhand behielt.
      Der die himmlische Burg Beherrschende
      trug den vom Blut geröteten
      Königsmantel des angenommenen Fleisches
      zum gestirnten Königspalast.

32 Rhyhmik (4): *Transformati*

13.   *Während Christus beim Mahl saß,*
      trank vom Sturzbach der Lust
      Johannes im Geist.
      Im Geist trank Johannes,
      und als er verbannt war,
      enthüllte ihm Gott den Himmel.
      Den Himmel enthüllte Gott,
      er versprach ihm den Schleier des Fleisches,
      der das Geschoss des Widersachers nicht spürt.

33 Rhythmik (5): Zusammengesetzte Rhythmen mit Kreuzreim

1006   Die Unterarten der einfachen [Rhythmen] sollst du nach einträchtigem
                                                      Gesetz verheiraten,
       sie bringen zusammengesetzte [Rhythmen] hervor. In welchem Wohlklang
                                                      diese dahineilen,
       sollst du im Spiegel des folgenden Beispiels offen wahrnehmen.

14.   *Das siegreiche Holz des Kreuzes*
      soll von allen Gläubigen
      verkündigt werden, würdig des Lobs
      in allen Enden der Welt.

15.   Lignum admirabile
         Et mirae virtutis,
       Cui non est simile,
         Arbor est salutis.

16a. Haec est clavis maxima   per quam rex caelorum
       Fregit vectes ferreos,   portas inferorum;
       Per quam plene corruit   vis daemoniorum,
       Victus hostis perdidit   praedam spoliorum.

16b. Haec est clavis regia   per quam reseratur
       Paradisi janua,   ultra ne claudatur,
       Qua nullus ingreditur   nisi qui probatur
       Esse Crucis servulus: hic ultro vocatur.

34

17.   Arbor nota
         Sancta tota
       Nostra tergens scelera,
         Gradus caeli,
         Spes fideli,
       Quaeque pellis aspera.

18.   Vexillum victoris,
         Scala peccatoris
       Crux est et redemptio,
         Munimen et scutum
         Contra hostes tutum
       Suo beneficio.

19.   Crux, columna perelecta,
       In deserto quae erecta
         Divino fulcimine

15. *Das bewundernswerte Holz*
    von wunderbarer Macht,
    dem nichts gleich ist,
    ist der Baum des Heils.

16a. *Dieser ist der größte Schlüssel,*   *durch den der Herrscher der Himmel*
    die eisernen Riegel zerbrochen hat,   *die Tore der Hölle,*
    durch den die Kraft der Dämonen   *vollständig darnieder lag,*
    der besiegte Widersacher den Gewinn   *der Beute einbüßte.*

16b. *Dieser ist der königliche Schlüssel,*   *durch den die Pforte*
    des Paradieses geöffnet wird,   *um fürderhin nicht mehr geschlossen zu werden,*
    durch die niemand eintritt   *als derjenige, von dem erwiesen ist,*
    dass er ein Diener des Kreuzes ist: *Dieser wird hinübergerufen.*

34 Rhythmik (6): Zusammengesetzte Rhythmen mit Schweifreim

17. *Berühmter, heiliger*
    Baum, der alle
    unsere Verbrechen abwischt,
    Himmelsleiter,
    Hoffnung des Gläubigen,
    du vertreibst alle Bitternisse.

18. *Fahne des Siegers,*
    Stiege und Erlösung
    des Sünders ist das Kreuz,
    Schutz und Schild
    gegen die Widersacher, sicher
    durch seine Wohltat.

19. *Kreuz, auserwählte Säule,*
    die, in der Wüste aufgerichtet,
    durch göttliche Unterstützung

Morsus sanat serpentinos,
Cultus praebet et divinos
  Suo medicamine.

20. Crux est salus populorum,
Reparatrix saeculorum,
Finis mortis et dolorum,
  Reprimit daemonia.
Talentum mundi portavit,
Viam vitae demonstravit,
Caput hostis conculavit,
  Cessavit injuris.

21. Ligni crucis consecrator,
Terrae, maris, caeli sator,
Verae legis verus lator,
Miserorum miserator,
  Pater almi luminis,
Tibi laudes damus vitae:
Utinam demus peritae!
Da post cursum hujus vitae
Ut simul Israelitae,
  Servi tui numinis.

22. Mundi hujus debilia
Qui eligit ut fortia
  Omnia sic confundat.
Petrum intentum retibus
Vocat de maris fluctibus,
  Hic suas res pessumdat.

23. Caelesti tracti gratia
Petrus, Andreas retia
Derelinquit et maria
  Ac Dominum sequuntur.

die Schlangenbisse heilt
und den Gottesdienst gewährt
durch ihre Heilkunst.

20. *Das Kreuz ist das Heil der Völker,*
     der Wiederhersteller der Welt,
     das Ende des Todes und der Schmerzen,
     es drängt die Dämonen zurück.
     Das Gewicht der Welt hat es getragen,
     den Weg des Lebens hat es gewiesen,
     den Kopf des Widersachers hat es niedergetreten,
     das Unrecht hat aufgehört.

21. *Weihespender des Kreuzholzes,*
     Säer der Erde, des Meers, des Himmels,
     wahrer Überbringer des wahren Gesetzes,
     Erbarmer über die Elenden,
     Vater des nährenden Lichts,
     dir spenden wir das Lob des Lebens –
     hoffentlich eines verständigen!
     Gib, dass wir nach dem Lauf dieses Lebens
     Israeliten sein mögen,
     Diener deines göttlichen Willens.

22. *Der das Schwache dieser Welt*
     erwählt, um so
     alles Starke zu beschämen,
     ruft den eifrig mit den Netzen beschäftigten
     Petrus von den Fluten des Meeres,
     dieser lässt seine Geschäfte fallen.

23. *Von himmlischer Gnade gezogen,*
     lassen Petrus und Andreas die Netze
     und die Meere zurück
     und folgen dem Herrn.

Redemptoris discipuli
Et piscatores populi
Judices hujus saeculi
   Statim efficiuntur.

24. Multis fulget miraculis
Petrus, suis umbraculis
Per plateas in lectulis
Positis, et his singulis
   Largit sanitatem.
Messiae invocatio,
Tabitae suscitatio,
Haec fidei probatio
Nobis in Dei filio
   Praestet securitatem.

35

25. Persecutor christiani
Nominis Saulus, insani
   Lupi more,
Vocis terretur clamore:
"Persequi me manu, ore
   Bonum reris.
Durum est nec potens eris
Contra stimulum si quaeris
   Calcitrare."
Confortatus praedicare
Paulus coepit affirmare:
   "Hic est Christus."

26. Laurentius laureatus
Bonum opus operatus
   Est. In fide claruit,
   Tyranno praevaluit.

Die Jünger des Erlösers
und Fischer des Volkes
werden auf der Stelle
zu Richtern dieser Welt gemacht.

24. *Durch viele Wunder erstrahlt*
Petrus, durch seinen Schatten
– und durch ihn allein – schenkt er
den rings in den Straßen auf Betten
Gelagerten die Gesundheit.
Die Anrufung des Messias,
die Erweckung der Tabita,
dieser Beweis des Glaubens
soll uns Sicherheit verschaffen
in Gottes Sohn.

35 Rhythmik (7): Zusammengesetzte Rhythmen mit sonstigen Reimschemata

25. *Saulus, Verfolger des christlichen*
Bekenntnisses nach Art
des rasenden Wolfs,
erschrickt durch den Lärm einer Stimme:
„Mich mit Hand und Mund zu verfolgen,
hältst du für gut?
Es ist hart und du wirst keine Macht haben,
wenn du danach trachtest, gegen den Stachel
auszuschlagen."
Gestärkt, beginnt Paulus
zu predigen und zu versichern:
„Dieser ist Christus."

26. *Der lorbeerbekränzte Laurentius*
bewirkte ein gutes
Werk, er glänzte im Glauben
und behielt die Oberhand über den Tyrannen.

Assus clamavit de prunis:
"Versa manduca quae punis;
   Nam opes Ecclesiae
   Datae sunt inopiae."

27.   Nycholae, flos pastorum,
Tuis precibus salvemur
Et a peste liberemur,
   Cum sis gemma confessorum.

36

28.   In valle miseriae   patimur concives
Primae matris vitio   cum calore nives.
Hostis verbo credidit: "Comedas et vives".
"Intolerabilius nil est quam femina dives."

29.   Adae culpae sarcina   crevit in immensum,
A quiete cecidit   laborem in densum,
Uxoris consilio   dum dedit assensum,
"Prodiga non sentit pereuntem femina censum."

30.   In mundo degentium   multi sunt errores,
Multiplex afflictio   et corrupti mores,
Matrum parientium   varii dolores.
"Nutrices tolerant fortuna urgente labores."

31.   Proniores hominum   sunt ad mala mentes,
Quas divellunt undique   peccatorum sentes,
Carnis petulantia   quos fecit amentes.
"Sentit adhuc proles quod commisere parentes."

32.   Indulgentes plurimi   cibo delicato
Toto nisu servient   ventri dilatato,
Vivunt sine regula,   pecus ut in prato:
"Sunt quibus in solo vivendi cura palato."

Gebraten rief er von den glühenden Kohlen:
„Wende und kaue, was du bestrafst,
denn der Besitz der Kirche
ist der Besitzlosigkeit übergeben worden."

27. Nikolaus, Blume der Pfarrer,
durch deine Gebete mögen wir erlöst
und vom Verderben befreit werden,
weil du ein Juwel der Bekenner bist!

36 Rhythmik (8): Vagantenstrophen mit Auctoritas

28. Im Tal des Elends   ertragen wir als Mitbürger
des Lasters der ersten Mutter   samt der Hitze den Schnee.
Sie glaubte dem Wort des Widersachers: „Du sollst essen und leben".
Unerträglicher ist nichts als eine reiche Frau.

29. Die Bürde der Schuld Adams   wuchs ins Unermessliche,
aus der Ruhe stürzte er   in beständige Arbeit,
weil er dem Rat seiner Frau   seine Zustimmung erteilte.
Nicht spürt die verschwenderische Frau den schwindenden Besitz.

30. Zahlreich sind die Verirrungen   der auf der Welt Lebenden,
vielfältig die Niedergeschlagenheit   und die verdorbenen Sitten,
verschiedenartig die Schmerzen   der gebärenden Mütter.
Die Nährerinnen erdulden Strapazen durch das Drängen Fortunas.

31. Zugeneigter sind die Gedanken   der Menschen dem Bösen,
[die Gedanken,] die die Dornen der Sünden   von allen Seiten zerreißen,
[der Menschen,] die die Leichtfertigkeit des Fleisches   gedankenlos gemacht hat.
Der Nachkomme spürt noch immer, was die Eltern begangen haben.

32. Köstlicher Nahrung   sich widmend, dienen
viele mit aller Anstrengung   dem geweiteten Bauch,
leben ohne Maßstab   wie Vieh auf der Wiese.
Es gibt solche, für die die Sorge des Lebens einzig im Gaumen liegt.

33. Terrarum possessio,   sacci magnitudo
     Quibus visa fuerit   magna celsitudo,
     Rerum sugunt copiam   de Fortunae ludo.
     "Non missura cutem nisi plena cruoris hirudo."

34. Sunt qui de miseriis   et fortunis imis
     Aliorum gaudeant;   sed tristantur nimis
     Si vicinis faveat   Fortuna sublimis.
     "Invidus alterius rebus marcessit opimis."

35. Saeviunt in subditos,   audi, dicam mira,
     Qui praesunt, tyrannide   opprimunt et dira;
     Non exemplo praeeunt,   sed via delira.
     "Seditione, dolo, scelere, atque libidine et ira."

36. A caelesti lumine   vitam homo nactus,
     In Dei servitio   dirigat ut actus;
     Famulari domino   differt piger factus.
     "Languida segnities hodiernos crastinat actus."

37

        Aspirante Deo tenet optatum mea portum
1010   Anchora. Sit virtus patri, sit gloria nato
        Spirituique decus, qui non idem sed idem sunt:
        Triplex alteritas, simplex essentia trino
        Est unique Deo, cui mundi machina paret.
            Lector, condoleas, Everardi carminis ullam
1015   Si cariem videas. Vigilet correctio limae,
        Dormiat invidiae detractio: nemo beatus
        Ex omni parte. Mala sunt vicina petendis.

33. *Der Besitz der ganzen Erde,   die Größe des Geldsacks,*
durch die große Hoheit   sichtbar werden könnte,
saugen durch das Spiel Fortunas   die Fülle der Dinge ein.
Das Blutegel wird die Haut nicht loslassen, bevor es nicht voll von Blut ist.

34. *Es gibt solche, die sich am Unglück   und an der untersten Fortuna*
anderer freuen,   aber überaus traurig sind,
wenn ihren Nachbarn   die hohe Fortuna gewogen ist.
Der Missgünstige welkt durch die fette Habe eines anderen.

35. *Es wüten gegen die Untergebenen   – höre, ich sage Erstaunliches –*
diejenigen, die ihnen vorstehen, und unterdrücken   sie durch schreckliche
Tyrannei.
Sie gehen nicht durch das Beispiel,   sondern auf dem wahnsinnigen Weg
voran:
durch Zwietracht, List, Verbrechen sowie durch Willkür und Zorn.

36. *Vom himmlischen Licht   hat der Mensch das Leben erlangt,*
damit er seine Handlungen   im Dienst Gottes ausrichtet.
Träge gemacht, schiebt er es auf,   dem Herrn zu dienen.
Die matte Trägheit verschiebt die heutige Tat auf morgen.

37 Epilog

Durch den Hauch Gottes ergreift mein Anker den ersehnten
1010 Hafen. Macht sei dem Vater, Ruhm sei dem Sohn
und Ehre dem Heiligen Geist, die nicht derselbe und doch derselbe sind:
Dreifache Andersheit, einfache Wesenheit ist dem dreifachen
und einzigen Gott eigen, dem die Maschine der Welt gehorcht.
Leser, habe Mitleid, wenn du irgendeine Morschheit
1015 an Eberhards Gedicht erblickst. Es möge die Verbesserung durch die Feile
wachen,
die Herabsetzung durch die Missgunst schlafen. Niemand ist
in jeder Hinsicht gesegnet, die Übel sind dem zu Erstrebenden benachbart.

Kommentar

1–22 Drei Werke werden hier auf engem Raum erwähnt: das Werk des Dichters (V. 4), das Werk der Natur (V. 14) und das Werk Gottes (V. 22). Dahinter dürfte die erstmals von Calcidius (in seinem wohl in der ersten Hälfte des 4. Jahrhunderts entstandenen Kommentar zu Platons *Timaios*, Kap. 23) formulierte Lehre von den drei werkschaffenden Instanzen Gott, Natur und Mensch stehen, die im 12. Jahrhundert auf fruchtbaren Boden fiel (vgl. etwa Hugo von Sankt Viktor, *Didascalicon*, 1,9). In den folgenden Passagen steht zunächst die Lesbarkeit der betreffenden Werke im Vordergrund: Natura liest die göttliche Sternenschrift (V. 25–40), die Mutter liest die Traumbilder Naturas (V. 41f.), diese wiederum handeln vom Lesen bzw. Nichtlesen menschengemachter Bücher (V. 43–72), ferner wird auch das Neugeborne selbst auf seine berufliche Zukunft hin lesbar (73–80). Insgesamt scheint es Eberhard darum zu gehen, seine Dichtungslehre – wenn auch spielerisch – in einem größeren, kosmologischen Rahmen zu verorten, vgl. dazu Vollmann 2017.

1 Pierisch = zu den Musen (Beiname: Pieriden) gehörig. – Camena = Muse.

1f. Interpunktion gegenüber Faral geändert. Das Distichon birgt gleich zwei syntaktische Schwierigkeiten. a) Der Interpunktion Farals folgend, verstehen sowohl Carlson 1930 als auch Pejenaute Rubio 2004/05 *Camena* als Vokativ und beziehen entsprechend *tibi* auf Camena. Dann aber könnte sich *illa* nur noch auf den Stoff (*materia*) beziehen, was zumindest merkwürdig wäre, denn inwiefern sollte der Stoff der Gebende sein? Es bietet sich deshalb an, *Camena* als Subjekt aufzufassen, *tibi* auf den (dann auch V. 10 zumindest indirekt angesprochenen) Leser und *illa* auf Camena zu beziehen. b) Ebenfalls der Interpunktion Farals folgend, stellen beide Übersetzungen *materiam* als Akkusativobjekt zu *scribere*. Einleuchtender scheint es mir, von intransitivem *scribere* auszugehen (vgl. auch V. 9) und *materiam* als Prädikativum zu *me* zu stellen. Dass es tatsächlich der Dichter selbst ist, der hier als Stoff fungieren soll, verdeutlichen wenig später die Verse 7f.

5 Vgl. Matthäus von Vendôme, *Ars versificatoria*, 2,5–8: Auftritt der Gattungspersonifikationen Tragoedia, Satira, Comoedia und Elegia, von denen letztere das Wort ergreift. Im Hintergrund dürften der Auftritt Elegias und Tragoedias bei Ovid, *Amores*, 3,1, V. 7–14, aber auch die Auftritte Saturas bei Martianus Capella, *De nuptiis Philologiae et Mercurii*, stehen, vgl. zu letzteren Döpp 2009.

8 Vgl. auch V. 990. Dass das aus Hexameter und Pentameter zusammengesetzte elegische Distichon aufgrund der (vermeintlich) ungleichen Länge seiner Versfüße als hinkend gilt, macht sich bereits Ovid für seine Beschreibung der personifizierten Elegie zunutze (*Amores*, 3,1, V. 7–10). Die Wendung *imparitate pedem* („mit der Ungleichheit der Füße") übernimmt Eberhard aus dem *Tobias* des Matthäus von Vendôme (vorletztes Distichon des Epilogs).

11 Mit dem Auftritt der personifizierten Natur stellt sich Eberhard in eine Tradition, die von der *Cosmographia* des Bernardus Silvestris über die Werke *De planctu Naturae* und *Anticlaudianus* des Alanus ab Insulis bis hin zum *Architrenius* des Johannes von Hauvilla führt.

11 u. 19 Obwohl die einschlägigen Texte des 12. Jahrhunderts „ein hochdifferenziertes literarisches Repertoire der Naturpersonifikationen" (Huber 1992, S. 155) bieten, lässt sich für Eberhards Aufspaltung in eine gebärende und eine schaffende Natur (*natura parens* und *natura naturans*) kein direktes Vorbild ausfindig machen. Jedenfalls scheint hier nicht, wie bei der zu Beginn des 13. Jahrhunderts aufkommenden Unterscheidung zwischen *natura naturans* und *natura naturata*, an eine aktiv/passiv-Unterscheidung (schaffend vs. geschaffen) gedacht zu sein; eher schon an die Unterscheidung zwischen Besonderem und Allgemeinem, zwischen Einzelfall und übergeordnetem Prinzip.

12 u. 18 Die Arbeit mit der Feile ist als Metapher deutlich poetologisch aufgeladen, vgl. V. 961f. mit Kommentar. Das Werk der Natur wird damit auf das Werk des Dichters hin transparent gemacht.

13 Im Hintergrund steht vielleicht Ier 1,5 (Formung des Propheten durch Gott im Mutterleib).

15 Auch *operis lex* (= das Gesetz des Werks) ist ein deutlich poetologisch aufgeladener Terminus. In einer zentralen, bereits von Galfrid von Vinsauf, *Documentum de modo et arte dictandi et versificandi*, II,3,137, zitierten Passage seiner *Ars poetica* verwendet ihn Horaz im Sinne von ‚poetisches Gesetz‘ (*Ars poetica*, V. 135, vgl. Brink 1971, S. 211f.), und speziell im Kontext der Satire kann der Terminus dann auch das Gattungsgesetz bezeichnen (vgl. Lafleur 1981, S. 1813). Auch bei Eberhard selbst ist mit Bezug auf die Dichtkunst und speziell auf die Metrik immer wieder von *lex* die Rede (vgl. V. 255, 259, 685f., 690, 775, 1006).

23 Parzen: Schicksalsgöttinnen, römische Entsprechung zu den griechischen Moiren. Eberhard scheint hier speziell an Klotho zu denken, die den Lebensfaden spinnt, den Lachesis dann bemisst, bevor Atropos ihn abschneidet.

25–32 Wie schon Faral in seiner Ausgabe anmerkt, enthält die Passage deutliche Anspielungen auf die *Cosmographia* des Bernardus Silvestris (*Megacosmus*, 3, V. 33–48). Die komische Kontrastwirkung – hier die Erschaffung des Kosmos und des Menschen, dort die Geburt eines armen Grammatiklehrers – dürfte durchaus beabsichtigt sein.

35–38 Für die Eigenschaften der Planeten konnte Eberhard abermals auf die *Cosmographia* des Bernardus Silvestris (*Microcosmus*, 5,5–17) zurückgreifen. Unter der mangelnden Zuwendung der Venus und des Merkur ist natürlich vor allem der Mangel an Liebe und Geld zu verstehen, während man bei Saturn und Mars an die diversen Sorgen und Querelen zu denken hat, wie sie dann später in der Rede der Elegia ausgemalt werden.

35 Der Dionische Stern = Venus (Dione in der griechischen Mythologie noch Mutter der Aphrodite, in der römischen Mythologie dann in der Regel mit Venus identifiziert).

42 Anspielung auf die in den Versen 119–126 dann näher ausgeführte Ventrikellehre, der zufolge die vordere Hirnkammer die *imaginatio*, die mittlere Hirnkammer die *ratio* und die hintere Hirnkammer die *memoria* beherbergt. Das Träumen war dann als eine von den übrigen Instanzen weitgehend unkontrollierte Aktivität der *imaginatio* erklärbar (vgl. Scheuer 2003, S. 129f.).

43–72 Das lesende bzw. mit Büchern hantierende Subjekt der Hauptsätze V. 43, 67 u. 69 bleibt vom Geschlecht her unbestimmt. Auch die auf den Leser bzw. Nichtleser referierenden Dativpronomina in den Versen 45, 49, 51 u. 58f. lassen keine Aussage über das Geschlecht zu. Intuitiv würde man in all diesen Fällen wohl zunächst den Sohn einsetzen, auf den sich das Pronomen *Ille* in V. 71 dann ja auch eindeutig bezieht. Irritierend bleibt aber der Dativ *matri* in V. 65: Wenn es ausdrücklich die Mutter ist, der der *Timaios* nicht vorliegt, müsste man dann nicht auch die erwähnten Dativpronomina auf die Mutter beziehen und diese auch schon als Subjekt der erwähnten Hauptsätze V. 43, 67 u. 69 in Betracht ziehen? Für eine solche Lösung entscheidet sich in ihrer Übersetzung in der Tat Carlson 1930, S. 7f.

43–66 Die Aufzählung der dem Grammatiklehrer vorenthaltenen Bücher bildet sozusagen die Negativfolie für die Aufzählung der im Grammatikunterricht empfohlenen *Auctores* V. 603–684.

43–60 Die Passage bietet ein Abbild dessen, was sich in der Ordnung der Pariser Universität herauskristallisiert: einerseits die aus den sieben freien Künsten gespeiste Philosophische Fakultät, andererseits die höheren Fakultäten Medizin, Recht und Theologie. In Eberhards Reihenfolge (Theologie, Philosophie, Medizin, Recht), die deutlich als ein Abstieg konzipiert ist (vgl. Kommentar zu V. 45–56), spiegelt sich die später V. 107–110 explizit gemachte Verachtung für Juristen und Ärzte wider.

43f. Für die Theologie stehen hier das vom Geist des Gesetzes erfüllte Alte Testament (vertreten durch den Pentateuch, d. h. die fünf Bücher Mose) und das vom Heiligen Geist erfüllte Neue Testament.

45–56 Eberhard bringt hier die sieben freien Künste (*septem artes liberales*) abzüglich der Grammatik, die dem noch Ungeborenen als einzige *nicht* vorenthalten sein wird (vgl. V. 67–72). Die traditionelle Reihenfolge der sieben freien Künste (meist Grammatik, Dialektik, Rhetorik, Arithmetik, Musik, Geometrie, Astronomie), die als ein Aufstieg im platonischen Sinne konzipiert ist, wird hier ins Gegenteil verkehrt. Ähnlich ‚pervertierte‘ Auflistungen in satirischen Kontexten finden sich bei Alanus ab Insulis (*De planctu Naturae*, 12,12) und Johannes von Hauvilla (*Architrenius*, 3, V. 137–176). Die im Folgenden erwähnten Lehrbücher lagen, sofern nicht originallateinisch, doch in lateinischen Übersetzungen vor. Einen weniger an den Lehrbüchern als an den Lehrinhalten orientierten Durchgang durch die sieben freien Künste in aufsteigender Reihenfolge lässt Eberhard V. 135–170 folgen.

45f. Für die Astronomie steht der *Almagest* des Ptolemäus (2. Jahrhundert n. Chr.). Was in Eberhards Formulierung möglicherweise anklingt, ist die platonische Vorstellung vom „Ursprung und Ziel der menschlichen Seele im Bereich der Sterne" (Hüttig 1990, S. 122).

47f. Für die Geometrie stehen die ursprünglich 13 Bücher umfassenden, im Verlauf der Überlieferungsgeschichte um zwei weitere Bücher ergänzten *Elemente* Euklids (4./3. Jahrhundert v. Chr.).

49f. Für die Musik steht Guido von Arezzo (ca. 992–1050), auf den die Einteilung des Tonsystems in Hexachorde mit den entsprechenden Solmisationssilben „ut, re, mi, fa, sol, la" zurückgeht. In seinem Hauptwerk *Micrologus de disciplina artis musicae* behandelt Guido unter anderem die Einteilung des Tonsystems in sechs Intervalle und in acht Kirchentonarten.

51f. Es ist auffällig, dass Eberhard für die Arithmetik keine Autorität anführt. An anderer Stelle nennt er den *Algorismus* (V. 939f., vgl. den entsprechenden Kommentar), der unter anderem die vier Grundrechenarten und das Wurzelziehen behandelt.

53f. Für die Rhetorik steht Marcus Tullius Ciceros (106–43 v. Chr.) *De inventione* und die im Mittelalter ebenfalls Cicero zugeschriebene, wohl in den Jahren 86–82 v. Chr. entstandene *Rhetorica ad Herennium*. Mit dem Verb *pingere* (färben) und dem Adjektiv *floridus* (geblümt) spielt Eberhard auf die *colores rhetorici* bzw. *flores rhetorici* an. Auch er selbst wird weiter unten die Wort- und Gedankenfiguren als Farben (V. 441, 521) bzw. Blumen (V. 523, 595, 597) bezeichnen.

55f. Für die Dialektik steht das (zu Eberhards Zeiten zumindest teilweise ins Lateinische übersetzte) *Organon* des Aristoteles (384–322 v. Chr.), der schon dem Mittelalter als *der* Philosoph schlechthin galt.

57f. Für die – seit dem 12. Jahrhundert auch als *scientia physica sive naturalis* bezeichnete – Medizin steht der griechische Arzt und Anatom Galen (129/31 – ca. 216).

59f. Für das kanonische Recht steht hier das *Decretum Gratiani* des Kirchenrechtlers Gratian (gest. vor 1160), für das Zivilrecht der im Auftrag des oströmischen Kaisers Justinian in den Jahren 528–534 zusammengestellte *Codex Iustinianus*.

61–66 Die hier folgende Trias deutet auf den Umkreis der so genannten Schule von Chartres (vgl. zu dieser Stolz 2004, S. 35f.). Die beiden Außenglieder der Trias – Macrobius' in der ersten Hälfte des 5. Jahrhunderts n. Chr. entstandener Kommentar zu Ciceros *Somnium Scipionis* (V. 61f.) und Platons (5./4. Jahrhundert v. Chr.) für gewöhnlich in der Übersetzung und mit dem Kommentar des in der ersten Hälfte des 4. Jahrhunderts n. Chr. aktiven Calcidius rezipierter *Timaios* (V. 65f.) – gehören nach Jeauneau 1960, S. 7, zu den vier Grundpfeilern des in Chartres gepflegten Platonismus (zu den beiden anderen vgl. den Kommentar zu V. 679–684). Nicht eindeutig zu bestimmen ist das Mittelglied der Trias (V. 63f.), doch fügt sich die Erwähnung der fünf parallelen Himmelskreise, der beiden Koluren und des Tierkreises aufs Beste in den durch Macrobius und Platon aufgespannten kosmologischen Rahmen.

61 Minerva: römische Weisheitsgöttin, mit der griechischen Athene identifiziert, bezieht sich hier auf Macrobius als den weisen Kommentator. Das Adjektiv *macra* (mager) ist einerseits Wortspiel mit dem Namen *Macrobius*, andererseits Anspielung auf die *crassa Minerva* (die ,dicke bzw. grobe Minerva' zur Bezeichnung des schlichten, nicht fein gebildeten Menschenverstands).

62 Die von Macrobius kommentierte Erzählung aus Ciceros *De re publica* wird dort als Traumvision des Scipio (*somnium Scipionis*) präsentiert.

63f. Die antik-mittelalterliche Astronomie unterscheidet zehn Himmelskreise voneinander: die fünf parallelen Himmelskreise (arktischer und antarktischer Kreis, Sommer- und Wintersonnenwendekreis, Äquator), die zwei durch die Pole führenden Himmelskreise (Koluren) sowie die drei schiefen Himmelskreise (Tierkreis, Milchstraße, Horizont), von denen Eberhard die letzten beiden unerwähnt lässt.

67–72 Dieser Katalog findet seine ruhmreichere Fortsetzung im *Auctores*-Katalog V. 603–684, der mit den – hier ganz am Schluss genannten – *Disticha Catonis* einsetzt.

67f. Es ist wohl an Verse zum Erlernen des ABC zu denken.

69f. Gemeint ist die *Ars minor* des Grammatikers Donat (ca. 320–380), ein Standardwerk des mittelalterlichen Grammatikunterrichts, vgl. auch V. 205–208.

71f. Gemeint sind die *Disticha Catonis*, eine wohl im 3. Jhd. n. Chr. entstandene, im Mittelalter gern dem älteren Cato zugeschriebene Sammlung von je zwei Hexameter umfassenden Spruchweisheiten.

77f. Vgl. Petrus Riga, *Aurora, Liber Genesis*, V. 327f.: *Omnis masculus .a. nascens, .e. femina profert; / .A. dat Adam genitor, .e. parit Eua parens* („Jedes männliche Kind bringt bei der Geburt ein a, jede Frau ein e hervor; / das a liefert der Vater Adam, das e gebiert die Mutter Eva").

82 Die durch Boethius (*Consolatio Philosophiae*, 2. Buch, 2. Prosa) geprägte Vorstellung vom Rad der Fortuna ist im Mittelalter überaus geläufig. Zuweilen wird Fortuna auch als auf ihrem Rad thronend dargestellt, so in der Fensterrose an der nördlichen Querschiffswand von Saint Étienne in Beauvais, datiert auf 1135. Ihren ersten großen Auftritt in der mittelalterlichen Literatur hat Fortuna im *Anticlaudian* des Alanus ab Insulis (Buch 8).

87–106 Mit viel rhetorischer Raffinesse wird in dieser Passage die Vergänglichkeit der irdischen Güter durchdekliniert. Sie ist bereits das Hauptthema von Boethius' *Consolatio Philosophiae*, die folgende Güter voneinander unterscheidet: Reichtum, Ehre, Macht, Ruhm, Genüsse (vgl. bes. 3. Buch, 2. Prosa). Diese und ähnliche Differenzierungen nutzt Eberhard in den Versen 87–98 wiederholt zur Konstruktion so genannter *versus rapportati*, vgl. dazu V. 699–704.

107–110 Vgl. Kommentar zu V. 43–60. Zu den Quacksalbern äußert sich ausführlich bereits Johannes von Salisbury (1115/20–1180) in seinem *Metalogicon*, 1,4,21–46.

111–116 Hier klingt jene Hofkritik an, die Johannes von Salisbury in seinem *Policraticus* stark gemacht hatte. Zu Heuchelei und Schmeichelei bei Hof vgl. auch Alanus ab Insulis, *De planctu Naturae*, 14,10–13, sowie Johannes von Hauvilla, *Architrenius*, 4, V. 322–483.

111f. Das ursprünglich auf Lukan zurückgehende Bild von denjenigen, die lediglich mit dem Stamm bzw. Stock Schatten spenden, ist germanistischen Mediävisten aus der Invektive Gottfrieds von Straßburg (gest. wohl um 1216) gegen seinen Kollegen Wolfram von Eschenbach vertraut (*Tristan*, V. 4673). Eberhard dürfte es von Matthäus von Vendôme, *Ars versificatoria*, Prolog, Abschn. 7, übernommen haben. Zur betreffenden Tradition vgl. Worstbrock 1976. Zu Pseudo-Gelehrten, die am Hof zu reüssieren versuchen, vgl. auch schon Johannes von Hauvilla, *Architrenius*, 3, V. 401–430. Dass solche Pseudo-Gelehrten dann auch zu Konkurrenten im Lehrerberuf werden können, thematisiert Eberhard weiter unten V. 979–988.

119–126   Zur Ventrikellehre vgl. den Kommentar zu V. 42.

127f.   Der Auftritt der personifizierten Philosophie erinnert zunächst an Boethius' *Conso-latio Philosophiae*, der Auftritt der personifizierten sieben freien Künste dagegen an Martianus Capellas *De nuptiis Philologiae et Mercurii*. Schon Adelard von Bath indessen hatte beide Elemente kombiniert, indem er – in seiner wohl vor 1116 entstandenen Schrift *De eodem et diverso* – die sieben freien Künste im Gefolge Philosophias hatte auftreten lassen. Vor allem wird man aber an den *Anticlaudian* des Alanus ab Insulis denken dürfen, in dem die sieben freien Künste als Dienerinnen der – in ihrer Beschreibung deutlich an Boethius' Philosophia angelehnten – Prudentia agieren. Zur entprechenden Tradition vgl. d'Alverny 1946.

135–170   Nach einem ersten Durchgang durch die sieben freien Künste im Rahmen des Traums der Mutter (vgl. Kommentar zu V. 45–56) folgt hier ein zweiter, stärker an den Lehrinhalten orientierter Durchgang, diesmal in aufsteigender Reihenfolge. Mit zwölf Distichen (V. 135–158) nimmt hierbei die Grammatik exakt doppelt so viel Raum ein wie die übrigen sechs Künste zusammengenommen, denen nur jeweils ein Distichon gewidmet ist (V. 159–170). Ähnliche Vorstellungen der Lehrinhalte der einzelnen *Artes* finden sich auch schon bei Alanus ab Insulis (*Anticlaudian*, 2, V. 380 – 4, V. 69), auf den Eberhard wiederholt zurückzugreifen scheint.

135f.   Schon bei Alanus ab Insulis, *Anticlaudianus*, 2, V. 390–398, ist die Jungfrau Grammatica als die basalste der sieben freien Künste mit nährenden Brüsten ausgestattet.

137–144   Zu Sätzen verbundene Wörter sind die Zielvorstellung (V. 137), doch setzt Grammatica sehr viel basaler an: Unterscheidung zwischen Vokalen und Konsonanten (V. 137f.), erstere unterteilt in fünf (V. 139), letztere, die die größere Gruppe bilden (V. 140), unterteilt in Stumme (d. h. Verschlusslaute) und Flüssige (d. h. Sonoranten). Diese Unterscheidung verwundert ein wenig, man würde hier eher die Unterscheidung zwischen Stummen und so genannten Halbvokalen (d. h. Sonoranten *plus* Reibelauten) erwarten (vgl. etwa Martianus Capella, *De nuptiis Philologiae et Mercurii*, 3,239). V. 141f. folgen die Kombinationsmöglichkeiten der Vokale untereinander (Diphthonge u. ä., vgl. ebd. 3,234–238). Unter Überspringung der Silbe (vgl. aber unten V. 179) finden dann die einzelnen, d. h. noch unverbundenen Wörter (V. 143), die Verbindungsmöglichkeiten der Wortarten (V. 143, vgl. dazu auch unten V. 735–758) sowie – bereits im Grenzgebiet von Grammatik und Rhetorik angesiedelt (vgl. den Kommentar zu V. 177–192) – Figuren und Tropen Erwähnung.

146–148 Dieselben Bilder bei Galfrid von Vinsauf, *Poetria nova*, V. 692–694. Vgl. ferner Mc 4,1–33 (Gleichnisse vom Sämann, vom Entzünden des Lichts und vom Senfkorn).

155 Zur zentralen Bedeutung des Begriffs der *informatio* (Formung) für das Bildungsverständnis des 12. Jahrhunderts vgl. Lutz 2013, S. 13–57.

157 Zu Metaphern des Einspeisens, Auswerfens und Wiederkäuens sprachlich verfassten Materials vgl. Wenzel 1995, S. 228–240.

159f. Vgl. Alanus ab Insulis, *Anticlaudian*, 3, V. 42–46.

161 Eberhard denkt hier offenbar an die eminent politische Funktion der Rede. Zur Metapher der Farbe vgl. Kommentar zu V. 53f.

162 Die klassische Rhetorik unterscheidet zwischen Gerichtsrede (*genus iudicale*), Staatsrede (*genus deliberativum*) und Festrede (*genus demonstrativum*).

163f. Vgl. Alanus ab Insulis, *Anticlaudian*, 3, V. 316–318. Mit der zählenden Zahl ist die abstrakte, zum Zählen verwendete Zahl, mit der gezählten Zahl die Anzahl der konkret zu zählenden Objekte gemeint.

165f. Vgl. Alanus ab Insulis, *Anticlaudian*, 3, V. 427. Der Musiktheoretiker Hucbald von Saint-Amand hatte im ausgehenden 9. Jahrhundert zwischen simultan erklingenden Intervallen (*consonantiae*, später auch *symphoniae*) und sukzessiv erklingenden Intervallen (*modi*, später auch *consonantiae*) unterschieden und die Anzahl der letzteren auf neun festgelegt. Zwar wurde diese Anzahl durch Guido von Arezzo in der ersten Hälfte des 11. Jahrhunderts auf sechs reduziert, doch konnte sich nicht zuletzt unter dem Einfluss zahlensymbolischer Erwägungen (neun Musen, neun Engelschöre) auch die Neunzahl weiterhin behaupten. Eberhards Formulierung scheint den vermutlich auf Hermann von Reichenau (1013–1054) zurückgehenden Merkspruchgesang *Ter terni sunt modi* anzuzitieren. Zu den hier nur sehr verkürzt dargestellten Entwicklungen vgl. Sachs 1990, S. 127–137.

167 Vgl. Alanus ab Insulis, *Anticlaudian*, 3, V. 489. Mit der Tiefe (*spissum*, eigtl. „Dicke") ist der dreidimensionale Körper angesprochen, vgl. z. B. die Definition bei Dominicus Gundissalinus (ca. 1110–1190): „Der mathematische Körper aber ist die Ausdehnung in drei Richtungen, nämlich nach Höhe, Breite und Tiefe [*in longum, in latum et spissum*]" (Dominicus Gundissalinus, *De divisione philosophiae*, 106).

169f. Vgl. Alanus ab Insulis, *Anticlaudian*, 4, V. 36–38. Nach mittelalterlicher Vorstellung drehen sich die am Himmelsgewölbe befestigten Fixsterne mit diesem von Osten nach Westen, während sich die Planeten in entgegengesetzter Richtung bewegen.

177–192 Seit jeher gibt es gewisse Kompetenzstreitigkeiten zwischen Grammatik und Rhetorik (vgl. Cestaro 1997). Während etwa der Grammatiker Donat in seiner *Ars minor* ausschließlich die Wortarten behandelt, widmet er sich in seiner *Ars maior* durchaus auch den Figuren und Tropen, die sonst in den Zuständigkeitsbereich der Rhetorik fallen. Eberhard reagiert auf dieses Problem, indem er seine Grammatica mit einer kleineren ‚grammatischen‘ und einer üppigeren ‚rhetorischen‘ Brust ausstattet. Er selbst wird später selbstverständlich bei der üppigeren Brust ansetzen.

178 Gemeint sind die übrigen Buchstaben des Alphabets.

180 Vgl. den Kommentar zu V. 162.

181 Mit demjenigen, was zu einer Wortart hinzukommt, sind die Akzidentien gemeint, so z. B. Kasus, Numerus, Genus etc. beim Nomen.

182 Wohl die eigentliche Bedeutung im Gegensatz zur übertragenen Bedeutung, die dann bei den Tropen relevant wird.

183f. Hier scheint die Frage der Wortstellung angesprochen.

187f. Zur kunstgerechten Verbindung der Worte vgl. auch unten V. 735–758.

189f. Zur notwendigen Übereinstimmung von Wort und Sinn vgl. etwa Galfrid von Vinsauf, *Poetria Nova*, V. 742–760.

191f. Angesprochen ist zunächst der Metaplasmus, d. h. der dichterisch lizensierte Regelverstoß, dem etwa Donatus ein eigenes Kapitel seiner *Ars maior* widmet (zum Überschreiten der Grenzen der üblichen Rede vgl. aber auch *Laborintus*, V. 343f.). Unter den Figuren dürften die Tropen sowie die Wort- und Gedankenfiguren zu verstehen sein, die Eberhard an späterer Stelle behandelt.

193–252 Es fällt auf, dass Grammatica nicht etwa in der Tradition Martianus Capellas die theoretischen Inhalte ihres Fachs ausbreitet (was ja auch schon zur Genüge durch Philosophia und den Erzähler geschehen ist), sondern dem künftigen Lehrer didaktische und praktische Anweisungen gibt. Diese betreffen die Notwendigkeit fachlicher und persönlicher Kompetenz (V. 195f.), die Beachtung der verschiedenen Altersstufen der Schüler (V. 197–204), die Auswahl geeigneter Lehrwerke (V. 205–212), die Notwendigkeit des guten Beispiels (V. 213–216), die Beachtung der verschiedenen Gesinnungen der Schüler (V. 217–230), Strafen (V. 231–234) – und natürlich die Bezahlung (V. 235–252). Es sind dies im Großen und Ganzen die Themen, die später in der Rede Elegias wiederaufgenommen werden (V. 835–990).

195f. „Kann denn ein Blinder einen Blinden führen?" (Lc 6,39); „vertraust du darauf, dass du selbst Führer der Blinden bist [ ]? Du, der du also den anderen belehrst, belehrst dich selbst nicht" (Rm 2,19–21).

205 Gemeint sind die *Ars minor* und die *Ars maior* des Grammatikers Donat (ca. 320–380), vgl. auch schon den Traum der Mutter V. 69f.

206 Remigius von Auxerre (ca. 841–908) verfasste u. a. Kommentare zu Donats *Ars minor* und *Ars maior*. Mit dem Ruderer, der sich natürlich in erster Linie dem Wortspiel mit „Remigius" verdankt, dürfte der an der lateinischen Grammatik sich abarbeitende Schüler (oder eventuell auch dessen Lehrer?) gemeint sein.

207f. Im dritten und letzten Teil seiner *Ars maior* widmet sich Donat dem fehlerhaften Sprachgebrauch (Barbarismus, Solözismus etc., aber auch Metaplasmus) und dem Redeschmuck (Figuren und Tropen).

209f. Die *Institutiones Grammaticae* des Grammatikers Priscian (um 500 n. Chr.) sind überwiegend in zwei separaten Teilen, dem *Priscianus maior* (Bücher I–XVI) und dem *Priscianus minor* (Bücher XVII und XVIII) überliefert.

211f. Hier dürfte sich Eberhard auf die ebenfalls unter dem Namen Priscians überlieferte Schrift *De accentibus* beziehen.

253 Während Matthäus von Vendôme seine Lehre von der dreifachen Eleganz des Versifizierens noch der personifizierten Elegie, also einer Gattungspersonifikation in den Mund gelegt hatte (vgl. Kommentar zu V. 5), stellt sich Eberhard sehr viel konsequenter in die Tradition Martianus Capellas, indem er die zu lehrende *Ars* gewissermaßen für sich selbst sprechen lässt. Erstmals betritt damit, soweit ich sehe, die personifizierte Poesis die Bühne der mittelalterlichen Literatur. Ein ähnliches Konzept wie Eberhard – die Poesie als Tochter der Grammatik – vertritt bereits Johannes von Salisbury, *Metalogicon*, 1,17.

255–264 Poesis gibt hier zunächst einen kleinen Metrik-Abriss. Mit der „Zeit" (V. 256) ist die Mora als kleinste relative Zeiteinheit gemeint, mit deren Hilfe sich kurze – bei Eberhard: „eilige" – Silben (Dauer: eine Mora) und lange – bei Eberhard: „langsame" – Silben (Dauer: zwei Moren) bemessen lassen (V. 258). Ein Versfuß besteht jeweils aus einer bestimmten Anzahl von Moren bzw. Silben (V. 256f.). Je nach Art und Anzahl der Versfüße lassen sich verschiedene Versmaße voneinander unterscheiden (V. 259f.), die darüber hinaus auch noch nach Inhalten differenziert werden (V. 261f.): Der Hexameter ist das klassische Versmaß der epischen Dichtung (epischer Hexameter); das aus Hexameter und Pentameter zusammengesetzte Distichon – Eberhard nennt hier lediglich den Pentameter als das entscheidende Differenzkriterium – kommt besonders in der elegischen Dichtung zum

Einsatz (elegisches Distichon), eine Tradition, in die sich auch Eberhard selbst mit seiner Klage über das bedauernswerte Leben des Grammatiklehrers stellt; die übrigen, lyrischen Versmaße finden vor allem in der hymnischen Dichtung Verwendung (V. 163f.).

256 Vielleicht darf man hier von fern die von Augustinus (354–430) aufgeworfene Frage nach dem Wesen der Zeit (*Confessiones*, 11,14: *quid est enim tempus?* usw.) mithören, die dieser nicht zuletzt sehr ausführlich am Beispiel der Metrik erörtert (ebd. 11,26f.).

267f. Zweifellos eine Kernaussage der Eberhardschen Poetik: Als Dienerin der niedrigsten der sieben freien Künste, die ihrerseits der Philosophie dienen, kann Poesis gleichwohl von sich behaupten, über letztere zu herrschen. Vielleicht liegt ein Anklang an die Worte der Weisheit „während ich im Erdkreis spielte" (*ludens in orbe terrarum*, Prv 8,31) vor (vgl. auch unten V. 606). Auf die kosmologische Selbstverortung (vgl. den Kommentar zu V. 1–22) folgt hier jedenfalls die selbtbewusste Verortung der Poesie im mittelalterlichen Wissenssystem. Ein ganz ähnliches Programm verfolgt bereits Johannes von Salisbury, *Metalogicon*, 1,24,23–47, vgl. dazu Godman 1995.

268 Es besteht kein Anlass, die Rede der Poesis bereits mit diesem Vers enden zu lassen, wie Faral es in seiner Ausgabe tut. Vielmehr legt Eberhard die gesamte Dichtungslehre (im engeren Sinn, d. h. V. 269–834) der personifizierten Dichtkunst in den Mund.

269–298 Eberhard orientiert sich in dieser Passage an Matthäus von Vendôme, *Ars versificatoria*, 1,3–29. Begonnen werden kann entweder mit einem Zeugma oder mit einer Hypozeuxis (269–271), die in der Rhetorik als gegensätzliches Figurenpaar gehandelt werden. Beide Male geht es um die parataktische Reihung von Teilsätzen. Während jedoch beim Zeugma das den Teilsätzen gemeinsame Verb nur einmal gesetzt wird, und zwar entweder am Anfang, in der Mitte oder am Ende der Satzverbindung (V. 273f.), hat bei der Hypozeuxis jeder Teilsatz sein eigenes Verb (V. 287f.). Des Weiteren kann der Beginn entweder lobend oder tadelnd sein, was Eberhard nun jeweils für das Zeugma am Anfang (V. 275–278), am Ende (V. 279–282) und in der Mitte (V. 283–286) sowie für die Hypozeuxis (V. 289–292) durchspielt. Als konstitutiv für die betreffenden Gegensatzpaare – zwei männliche und zwei weibliche – erweist sich vor allem das typologische Denkmuster, das Ereignisse des Alten und des Neuen Testaments bzw. – im Fall der außerbiblischen Typologie – Ereignisse vor und nach Christus aufeinander bezieht (vgl. die jeweiligen Einzelkommentare). Schließlich können Zeugma bzw. Hypozeuxis auch mit einer allgemeinen Sentenz verbunden werden, die das Thema angibt (V. 293–298).

275–286 Die drei Gegensatzpaare, die Eberhard zur Illustration der drei Arten des Zeugmas anführt, scheinen auch thematisch ineinander verzahnt. So haben die Gegensatzpaare 1 und 2 das Thema Geld und die Gegensatzpaare 2 und 3 die Gegenüberstellung von Magie und Religion gemein. Die besagten Themen werden zwar nicht benannt, wohl aber über die typologischen und sonstigen Bezüge evoziert.

275–278 Die Josephsgeschichte bringt Eberhard noch einmal ausführlich in den Versen 573–594, vgl. auch den betreffenden Kommentar. Hinter der Gegenüberstellung von Joseph und Judas steht eindeutig das typologische Denkmuster: Wie Joseph von seinen Brüdern verkauft worden ist, so wird Christus von Judas gegen Geld verraten.

279–282 Das Verhältnis zwischen dem Apostel Simon Petrus und dem Häretiker Simon Magus (= Simon der Magier) ist – anders als bei den übrigen Gegensatzpaaren – kein typologisches, sondern ein persönliches. Laut Apostelgeschichte versucht Simon Magus vergeblich, von Simon Petrus und Johannes gegen Geld die Gaben des Heiligen Geistes zu erwerben (Act 8,9–24), worauf die Bezeichnung ‚Simonie' (für den Handel mit geistlichen Dingen, insbesondere mit kirchlichen Ämtern) zurückgeht. Die Legende berichtet von einem regelrechten Wettstreit zwischen dem Apostel und dem Magier, der für letzteren tödlich ausging: Bei einer fingierten Himmelfahrt soll er durch ein Gebet des Apostels zum Absturz gebracht worden sein (Überblick bei Klauck 2008, 229–266).

279f. Vgl. Mt 16,18f.: „Und ich sage dir, dass du Petrus bist, und auf diesen Felsen werde ich meine Gemeinde erbauen. Und die Tore der Unterwelt werden nichts vermögen gegen sie. Und ich werde dir die Schlüssel zum Königreich der Himmel geben." Als Schlüssel des Himmelreichs erscheinen bei Eberhard die drei theologischen Tugenden Hoffnung, Glaube, Liebe.

282 Mit Sedgwick 1927, S. 341, ist *Magus* hier unbedingt als Eigenname zu lesen, darum Großschreibung gegenüber Farals Ausgabe.

283–286 Hinter der Gegenüberstellung von Medea und Katharina darf man einmal mehr das Denkmuster der – in diesem Fall außerbiblischen – Typologie vermuten. Beide Frauen sind in Künsten unterwiesen, die ihnen eine gewisse Macht verleihen. Während es sich dabei nun aber im Fall Medeas, Priesterin der für Magie zuständigen Göttin Hekate, um Zauberkünste handelt, verfügt die geweihte Jungfrau Katharina über ein umfassendes philosophisches Wissen, das es ihr beispielsweise erlaubt, die fünfzig besten vom Kaiser aufgebotenen Philosophen zum Christentum zu bekehren.

283f. Katharina von Alexandria zählt zu den heiligen Jungfrauen. Da sie gerädert werden sollte, wäre es verlockend, statt *rosa* (Rose) *rota* (Rad) zu lesen, doch steht die Rose auch anderweitig für den Märtyrer, vgl. Freytag 1982, S. 119. Engel sollen den Leichnam Katharinas, die schließlich enthauptet wurde, zum Berg Sinai gebracht haben. Ihren im dortigen Kloster befindlichen Gebeinen entströmte nach mittelalterlichem Glauben unaufhörlich ein heilkräftiges Öl.

285f. Eberhard vergegenwärtigt dem Leser die Geschichte Medeas, die schon bei Matthäus von Vendôme, *Ars versificatoria*, 1,8, als Beispielfigur für das Zeugma fungiert, anhand ihrer Untaten: Medea, zauberkundige Tochter des Königs Aietes von Kolchis, begeht Verrat an ihrem Vaterland, indem sie Iason dabei hilft, das in Aietes' Besitz befindliche Goldene Vlies zu gewinnen, um anschließend mit Iason und den Argonauten zu fliehen. Indem sie ihren Bruder Apsyrtos tötet und in Stücken ins Meer wirft, kann Medea die kolchischen Verfolger abschütteln, die beim Auffischen der Leichenteile zu viel Zeit verlieren. Als Ehefrau Iasons gelingt es Medea, den alternden König Pelias, der Iason in böser Absicht nach dem Goldenen Vlies ausgesandt hatte, mit Hilfe seiner eigenen Töchter, der Peliaden, unter Vorspiegelung eines Verjüngungszaubers zu töten. Als Iason die Tochter des Königs Kreon ehelicht, rächt sich die verstoßene Medea, indem sie nicht nur Iasons neue Ehefrau, sondern auch die beiden Söhne, die sie selbst von Iason empfangen hatte, tötet.

289–292 Zur Illustration der Hypozeuxis bedient sich Eberhard der bekannten Eva-Maria-Typologie: Während Eva als erste Mutter durch ihren Ungehorsam den Tod bringt, bringt Maria als Mutter der Christenheit durch ihren Gehorsam das Leben (ein Gegensatz, der gerne durch die Gegenüberstellung des Namens EVA und des Engelsgrußes AVE zum Ausdruck gebracht wurde).

299–302 Die Verse erweisen sich als Ankündigung eines Programms, dessen Durchführung sich – die Ankündigung selbst mit eingerechnet – über genau dreihundert Verse (V. 299–598) erstreckt. Es handelt sich dabei um genau denjenigen Teil, dem als Hauptquelle Galfrids *Poetria nova* (V. 203–1592) zugrunde liegt. Anzumerken bleibt, dass man in den Versen 301f. wohl zunächst geneigt wäre, die erlesene Rede als synonym mit dem schwierigen Weg, vielleicht auch als Oberbegriff für den schwierigen und den ebenen Weg, jedenfalls aber nicht als eigenständigen Punkt *neben* dem schwierigen und dem ebenen Weg aufzufassen. Genau diese letzte Verständnismöglichkeit wird aber durch die weiteren Ausführungen nahegelegt, sind doch die Distichen V. 343f. (erlesene Rede), V. 385f. (schwieriger Weg) und V. 431f. (ebener Weg) kaum anders denn als separate Ankündigungen auf ein und derselben Hierarchieebene aufzufassen.

303–336 Die acht Arten der Erweiterung übernimmt Eberhard von Galfrid von Vinsauf, *Poetria nova*, V. 219–694. Auch die Reihenfolge ist weitgehend beibehalten, lediglich die ersten beiden Figuren sind gegenüber Galfrid vertauscht. Abgesehen von der Abschweifung = *digressio* (V. 325–328) und der Erweiterung eines Ausdrucks durch Voranstellung seines negierten Gegenteils = *oppositio* (V. 333–336) werden die hier versammelten Figuren bereits in der Figurenlehre der *Rhetorica ad Herennium* behandelt. Da diese auch der Figurenlehre Galfrids und Eberhards zugrunde liegt, kommt es bei diesen zu einigen Doppelungen. Nicht gilt dies für die Periphrase = *circumitio*, die vom Auctor ad Herennium unter den Tropen behandelt, von Galfrid und Eberhard indessen an entprechender Stelle weggelassen wird. Doppelt – sowohl unter den acht Arten der Erweiterung als auch unter den

Wort- bzw. Gedankenfiguren – werden dagegen die Häufung synonymer Ausdrücke = *interpretatio* (V. 309–312, vgl. V. 503f.), das Gleichnis = *similitudo* (V. 313–316, vgl. V. 543f.), die Apostrophe = *exclamatio* (V. 317–320, vgl. V. 451f.), die Prosopopeia = *conformatio* (V. 321–324, vgl. V. 559f.) und die Beschreibung = *descriptio* (V. 329–332, vgl. V. 531f.) behandelt.

303   Mit Sedgwick 1927, S. 342, ist hier unbedingt handschriftlichem *amica* (Freundin) der Vorzug vor Farals Konjektur *amicus* (Freund) zu geben, spricht doch noch immer Poesis (vgl. den Kommentar zu V. 268).

319   Ein Kanoniker war ein Kleriker, der als Mitglied eines Kathedral-, Dom- oder Stiftskapitels seinen Unterhalt aus den Kirchengütern bezog.

323   Anders als Faral setze ich *Obstrepit altare* (Der Altar braust auf) als Teil des Exempels bereits kursiv. (Dagegen ist V. 319 *Sic dic canonico* [Folgendermaßen sprich zu dem Kanoniker] nicht als Teil des Exempels, sondern noch als Teil der Anweisung aufzufassen.)

327f.   Der Riese Antaios verfügt über die Möglichkeit, im Fall von Ermattung aus der Berührung mit seiner Mutter Gaia, der Erde, neue Kräfte zu schöpfen. Dem Helden Herkules gelingt es, Antaios zu töten, indem er ihn an seinen eigenen Körper gepresst in die Luft hält und damit den Kontakt zur Erde unterbindet. Lukan inseriert diese Geschichte in Form eines längeren Exkurses in sein Bürgerkriegsepos *De bello civili* (4, V. 593–655). Der Witz von Eberhards Formulierung scheint mir darin zu liegen, dass sie einen ursächlichen Zusammenhang zwischen Lukans abschweifendem, den Leser hinhaltenden Stil und der Ermattung des Riesen Antaios suggeriert.

331f.   Zur Jungfräulichkeit des Apostels Johannes, der traditionellerweise mit dem Evangelisten Johannes identifiziert wurde, vgl. Hieronymus' Prolog zum Johannesevangelium samt dem Kommentar des Thomas von Aquin (1224/25–1274) (Ausg. Cai 1952, S. 4–6; Übers. Weingartner u.a. 2011, S. 17–21). Als ein Mann des Wortes ist der als überaus gebildet geltende Apostel Paulus insbesondere durch seine Missionarstätigkeit und die aus ihr hervorgegangenen Briefe ausgewiesen. Zur Liebe des Apostels Petrus, der sich nach dreimaliger Verleugnung Christi dreimal zu Christus bekennt, vgl. Io 21,15–17 sowie die Auslegung dieser für die Herleitung des Papsttums nicht unwichtigen Stelle durch die Kirchenväter (aufbereitet bei Haendler 1993, S. 107–125). Wenn Eberhard die besagten Beispiele zur Illustration der Technik der *descriptio* anführt, dann scheint er an die Lehre von den zur Personenbeschreibung notwendigen Attributen zu denken, wie sie Matthäus von Vendôme in seiner *Ars versificatoria*, 1,74–90 ausbreitet.

337–342   Während Galfrid in seiner *Poetria nova*, V. 695–741, sieben Mittel der Kürzung behandelt, sind es bei Eberhard nur vier: erstens die Verwendung von Partizipien (z. B.

„zum Kreuz verurteilend") statt Nebensätzen (z. B. „indem sie ihn zum Kreuz verurteilt");
zweitens das Asyndeton, d. h. die Vermeidung von Konjunktionen (z. B. „Christus der
Richter steht, die Ruchlosigkeit sitzt" statt „Christus der Richter steht, wohingegen die
Ruchlosigkeit sitzt", vgl. auch V. 515f.); drittens die Verwendung des – von Galfrid in seiner
Poetria nova V. 701 als einsamer Ablativ ohne Ruderer bezeichneten – Ablativus absolutus
(so im lateinschen Äquivalent zu „während der Gott in keiner Weise leidet"); viertens die
Emphase im Sinne einer auf bloße Andeutungen sich beschränkenden Ausdrucksweise
(vgl. auch V. 561–570), wie sie Eberhard in seinem Beispieldistichon durchgängig pflegt.
Gemeint ist in etwa das Folgende: Christus, der doch selbst der künftige Weltenrichter ist,
steht als Angeklagter vor einem irdischen Gericht, dem die Ruchlosigkeit vorsitzt; die tobende Menge fordert seinen Kreuzestod, der ihn in seiner Doppelnatur als wahrer Mensch
und wahrer Gott gleichzeitig leiden und nicht leiden lässt.

343–598   In seiner Figurenlehre orientiert sich Eberhard im Wesentlichen an Galfrid, *Poetria nova*, V. 742–1592, manchmal aber auch direkt an der *Rhetorica ad Herennium*, 4,18–
69, die Galfrids Darstellung zugrunde liegt. Eine Ausnahme bildet die Eingangspassage,
vgl. dazu die folgende Anmerkung.

345–364   Für diese Passage findet sich weder in der *Rhetorica ad Herennium* noch bei
Galfrid ein Äquivalent. Eberhard behandelt hier dichterisch lizensierte Regelverstöße bzw.
Eigentümlichkeiten, die die verschiedensten Sprachebenen betreffen: Phonologie (V. 361–
364: prosodisch unähnliche Homonyme werden im Metrum so platziert, dass ‚derselben'
Silbe einmal eine Länge und einmal eine Kürze zukommt), Morphologie (V. 345–348:
Überschreitung von Wortartengrenzen), Semantik (349–352: Oxymoron), Syntax (V. 353–
356: Verwendung von Indeklinabilia als Nomina) und die Ebene des Textes (V. 357–360:
Klassikerzitat).

345–348   Indem Eberhard aus dem Substantiv *canonicus* = Kanoniker (zur Bedeutung vgl.
den Kommentar zu V. 319) gewaltsam das Verb *canonicare* = „zum Kanoniker machen"
ableitet, bringt er die Regelwidrigkeit des von ihm thematisierten Nepotismus (= Vettern-
wirtschaft) auch grammatikalisch zum Ausdruck. Ähnlich dürfte im zweiten Beispiel die
regelwidrige Steigerung von Substantiven als grammatikalisches Äquivalent der weiblichen
Raserei fungieren.

349f.   Mit ganz ähnlichen Worten umschreibt schon Galfrid, *Poetria nova*, V. 877–890,
gewisse Oxymora im Kontext des metaphorischen Sprechens (z. B. „die Stille schreit"), die
er als besonders gelungen einstuft. Gegen derartige Oxymora wendet sich Matthäus von
Vendôme, *Ars versificatoria*, 2,42.

351   Vgl. Horaz, *Epistulae*, 1,3, V. 56: *semper avarus eget* („Der Geizige leidet ständig Mangel"). Anders als Faral setze ich nicht *Dives avarus* (Der gierige Reiche), sondern *Dives* (Der

Reiche) und *eget* (leidet Mangel) in Anführungszeichen, da mir hier der äußere Gegensatz zu liegen scheint, auf den es Eberhard ankommt.

356   Die lautliche Ähnlichkeit zwischen *poena* (Strafe) und *paene* (fast) – Figur der *traductio* (vgl. V. 447f.) bzw. *adnominatio* (vgl. V. 477f.) – unterstreicht noch die vorgeführte Äquivalenz zwischen Nomen und als Nomen eingesetztem Adverb.

359   Der Vers, hier gewissermaßen als klassische Kulisse für die Leiden Christi fungierend, ist Ovids *Metamorphosen* (13, V. 1) entnommen. Im Gegensatz zu Faral setze ich ihn in Anführungszeichen.

361–364   Die Termini ‚Zeit‘ (*tempus*) und ‚Aufenthalt‘ (*mora*) beziehen sich auf die Moren, vgl. den Kommentar zu V. 255–264. Die von Eberhard angeführte Technik (vgl. auch V. 447) begegnet vor allem im Rahmen so genannter *versus differentiales*, die sich im Mittelalter einiger Beliebtheit erfreuen. Hierzu und speziell zum Spiel mit *lābor* (Arbeit) und *lābor* (ich gleite) vgl. Cizek 2008, bes. S. 205.

363   Anführungszeichen bei „*laborem*“ gegenüber Faral getilgt.

365–430   Wie Galfrid, *Poetria nova*, V. 761–1098, beginnt Eberhard die eigentliche Lehre vom Redeschmuck mit den so genannten Tropen, die dadurch definiert sind, dass ein Wort in einem uneigentlichen Sinn verwendet wird.

365–384   Unter dem Oberbegriff der *transsumptio* hatte Galfrid, *Poetria nova*, V. 770–961, vier Tropen der *Rhetorica ad Herennium* (zu den Tropen 4,42–46) zusammengefasst und – in einer gegenüber seiner Quelle veränderten Reihenfolge – zu einer nach Wortarten gegliederten Systematik des metaphorischen Sprechens umgedeutet. Eberhard folgt Galfrids umdeutender Zusammenfassung der vier Tropen, stellt aber so gut wie möglich die Reihenfolge der *Rhetorica ad Herennium* wieder her: erstens *nominatio* (Ad Her. Nr. 1) als metaphorischer Gebrauch des Nomens (V. 365–368), zweitens *pronominatio* (Ad Her. Nr. 2) als metaphorischer Gebrauch des Eigennamens (V. 369–372), drittens *translatio* (*Ad Her.* Nr. 9) als metaphorischer Gebrauch des Verbs (V. 373–380), viertens *permutatio* (*Ad Her.* Nr. 10) als metaphorischer Gebrauch mehrerer Wörter ein und desselben Satzes (V. 381–384).

367   Vgl. I Th 5,8.

369–372   Vorgeführt wird hier die so genannte Vossianische Antonomasie (Lausberg [10]1990, § 75), die sich auch als metaphorischer Gebrauch des Eigennamens interpretieren lässt. Die beiden Dreiergruppen fügen sich zwanglos zu drei Gegensatzpaaren zusammen, in denen Eberhard die platonische Trias des Wahren, Schönen und Guten durchspielt: der insbesondere im Umkreis der so genannten Schule von Chartres hoch geehrte Philosoph Platon (vgl. den Kommentar zu V. 61–66) und der Häretiker Simon Magus (vgl. den Kommentar zu V. 279–282) als Inbegriffe der Wahrheitsliebe und der Lügenhaftigkeit; der Held Paris und der Demagoge Thersites, beide Teilnehmer am Trojanischen Krieg, als Inbegriffe der Schönheit und der Hässlichkeit (vgl. auch schon Galfrid, *Poetria nova*, V. 930f.); der von Lukan zur strahlenden Hauptfigur seines Bürgerkriegsepos erhobene Cato der Jüngere (vgl. den Kommentar zu V. 637f.) und der von Claudian als ein Geschöpf der versammelten Laster gebrandmarkte Rufinus (vgl. den Kommentar zu V. 639f.), beide Feldherren und Staatsmänner, als Inbegriffe der Tugendhaftigkeit und der Lasterhaftigkeit.

377–380   Den gleichzeitig metaphorischen und wörtlichen Gebrauch eines Verbs behandelt auch schon Galfrid, *Poetria nova*, V. 891–897.

382   Hier lässt Eberhard die im Zusammenhang mit der Allegorie – verstanden als fortgesetzte Metapher – übliche *aliud-aliud*-Formel anklingen, vgl. Quintilian (ca. 35–100), *Institutio oratoria* 8,6,44: *aliud verbis, aliud sensu.*

383f.   Vgl. Ovid, *Heroides*, 5, V. 115f., sowie *Tristia*, 5,4, V. 48.

385–430   Auf die vier unter dem Oberbegriff der *transsumptio* zusammengefassten Tropen (vgl. den Kommentar zu V. 365–384) hatte Galfrid, *Poetria nova*, V. 971–1065 – wiederum in einer gegenüber der *Rhetorica ad Herennium* veränderten Reihenfolge – die übrigen Tropen abzüglich der bereits unter den Mitteln der Erweiterung behandelten Periphrase = *circumitio* (vgl. den Kommentar zu V. 303–336) folgen lassen. Auch innerhalb dieser zweiten Gruppe von Tropen stellt Eberhard die Reihenfolge der *Rhetorica ad Herennium* wieder her: erstens Metonymie = *denominatio* (V. 384–410, *Ad Her.* Nr. 3), zweitens Hyperbaton = *transgressio* (V. 411–414, *Ad Her.* Nr. 5), drittens Hyperbel = *superlatio* (V. 415–418, *Ad Her.* Nr. 6), viertens Synekdoche = *intellectio* (V. 419–426, *Ad Her.* Nr. 7), fünftens Katachrese = *abusio* (V. 427–430, *Ad Her.* Nr. 8).

387–410   Was die Metonymie betrifft, bringt Eberhard zunächst die vier Unterkategorien der *Rhetorica ad Herennium* (4,43) – Erfinder für Erfindung und umgekehrt (V. 387–390), Werkzeug für Benutzer (V. 391–394), Wirkung für Ursache (V. 395–398), Inhalt für Behälter und umgekehrt (V. 399–402) –, die er dann um die zwei zusätzlichen Unterkategorien Galfrids – Material für Objekt (V. 403–406, vgl. *Poetria nova*, V. 989–1005) und Abstraktes für Konkretes (V. 407–410, vgl. *Poetria nova*, V. 971–977) – ergänzt.

387f.   Der Gott des Weines und die Göttin des Ackerbaus stehen hier für (alkoholische) Getränke und Speisen, angespielt ist auf das Laster der Völlerei (*gula*).

389f. Vgl. Ps 50 (51),3: „Erbarme dich meiner, Gott, entsprechend deiner großen Barmherzigkeit und entsprechend der Menge deiner Erbarmungen. Lösche mein Unrecht!" etc.

393f. Die *pila* (Sg. *pilum*), Wurfspieße des römischen Fußvolks, stehen hier für die Römer, die *pelta*, ein griechischer Schild, und die *sarissa*, ein griechischer Spieß, dagegen für die von den Römern besiegten Griechen.

398 Anders als Faral setze ich – analog zu V. 397 – nur die der Ursache attribuierte Wirkung (*macra* = mager), nicht aber die Ursache (*fames* = Hunger) selbst in Anführungszeichen.

407–410 Gemeint ist, dass die konkrete Person (der Törichte, der Weise, der Tugendhafte, der Lasterhafte) durch die sie charakterisierende Eigenschaft (die Torheit, die Weisheit, die Tugendhaftigkeit, die Lasterhaftigkeit) bezeichnet wird.

411–414 Das Hyperbaton fällt insofern aus dem Rahmen, als es im Gegensatz zu den übrigen Tropen nicht semantisch (Verwendung eines Wortes im uneigentlichen Sinn), sondern syntaktisch (Trennung zweier zusammengehöriger Wörter durch einen Einschub) definiert ist. Eberhards Beispiel *plurima propter scandala* (wörtlich: „vielfältigster wegen Verführungen") ist in der Übersetzung kaum adäquat wiederzugeben.

419–426 Was die Synekdoche betrifft, bringt Eberhard im Anschluss an die *Rhetorica ad Herennium*, 4,44, nicht nur – wie Galfrid, *Poetria nova*, V. 1027–1042 – die Relation „Teil für Ganzes" und umgekehrt, sondern auch „Eines für vieles" und umgekehrt.

422 Anders als Faral setze ich nicht *carnis* (des Fleisches), sondern *homo* (der Mensch) in Anführungszeichen: Letzterer (der Mensch) ist hier das Ganze, das für den Teil (die Seele) steht. Das Verhältnis des vorangehenden Verses, in dem die Seele für den Menschen gestanden hatte, wird also genau umgekehrt.

425f. Den Sieg Caesars über Pompeius schildert Lukan in seinem Bürgerkriegsepos *De bello civili*, in dem er wiederholt auch die Beliebtheit des Pompeius hervorhebt, vgl. Seewald 2008, S. 14.

427–430 Mit der *Rhetorica ad Herennium*, 4,45, und Galfrids *Poetria nova*, V. 1043–1055, versteht Eberhard unter der Katachrese „eine schwache Metapher aus einem sachnahen Bereich" (Schirren 2009, S. 1492) wie z. B. ‚kurz' statt ‚klein, gering'. In seiner Charakterisierung nimmt Eberhard den Namen des Tropus (griech. *katachresis* bzw. lat. *abusio* = Missbrauch) beim Wort.

431–438 Erst Eberhard integriert die Behandlung des schmucklosen Stils in seine Behandlung des Redeschmucks. Galfrid, auf dessen Beispielgeschichte Eberhard hier zurückgreift, bringt den schmucklosen Stil erst später im Zusammenhang mit der Komik (*Poetria nova*, V. 1888–1924).

439–598 Wie Galfrid, *Poetria nova*, V. 1099–1592, behandelt Eberhard nun zunächst die Wort- und dann die Gedankenfiguren. Erstere beziehen sich auf den sprachlichen Ausdruck, letztere auf den gedanklichen Gehalt. Die Unterscheidung ist nicht unproblematisch, hat aber eine lange Tradition. Galfrid und Eberhard halten sich, was Bestand und Reihenfolge der Wort- und Gedankenfiguren angeht, eng an die *Rhetorica ad Herennium*, 4,19–41 u. 4,47–69.

442 Die *Rhetorica ad Herennium* galt im Mittelalter als ein Werk Ciceros.

443–520 Schon Galfrid, *Poetria nova*, V. 1103–1222, illustriert die Wortfiguren anhand eines fortlaufenden Textes, der vom Sündenfall und der Erlösung handelt.

443 *Repetitio* = Anapher: Wiederholung eines Ausdrucks am Anfang verschiedener Glieder.

444 *Conversio* = Epipher: Wiederholung eines Ausdrucks am Ende verschiedener Glieder.

445f. *Conplexio*: Kombination von Anapher und Epipher (vgl. V. 443f.).

447f. *Traductio*: „Wiederholung" eines Ausdrucks unter Änderung des Wortkörpers oder der Wortbedeutung (vgl. Lausberg [10]1990, §§ 274–292). Eberhard konzentriert sich auf die Änderung der Wortbedeutung bei weitgehender Identität des Wortkörpers: *Pārēntēs* (gehorchend) vs. *părĕntēs* (Eltern), zum Spiel mit Länge und Kürze vgl. auch schon V. 361–364; *ob id* (dafür) vs. *obit* (scheidet dahin).

449f. *Contentio* = Antithese: Kombination gegensätzlicher Ausdrücke.

451f. *Exclamatio* = Apostrophe: Ausruf bzw. Anrede einer abwesenden Person oder einer Sache.

453f. *Interrogatio* = rhetorische Frage.

455f. *Ratiocinatio*: Der Redner stellt sich selbst Fragen, die er dann auch beantwortet.

457f. *Sententia* = Sinnspruch.

459f.   *Contrarium*: Von zwei gegensätzlichen Sachverhalten wird einer bekräftigt.

461f.   *Membrum*: pointierte Aneinanderreihung von Teilsätzen bzw. Satzgliedern.

463f.   *Articulus*: Aneinanderreihung kleiner Satzglieder.

465–470   *Continuatio*: komplexes Satzgefüge, das in dreifacher Weise zum Einsatz kommen kann: bei der *sententia* (V. 465f., vgl. V. 457f.), beim *contrarium* (V. 467f., vgl. V. 459f.) oder bei der *conclusio* (469f., vgl. V. 519f.).

471f.   *Conpar*: Reihung von Satzgliedern mit (annähernd) gleicher Silbenzahl. Eberhard thematisiert in seinem Beispieldistichon die drei theologischen Tugenden Glaube, Hoffnung, Liebe.

473   *Similiter cadens* = Endungsangleichung: Zwei oder mehr flektierte Nomina weisen aufgrund desselben Kasus dieselbe Endung auf, in Eberhards Beispiel *virtutis* (der Tugend) und *salutis* (des Heils).

474   *Similiter desinens* = Auslautangleichung: Zwei oder mehr Wörter enden gleich, ohne dass derselbe Kasus vorläge, in Eberhards Beispiel *plene* (vollständig) und *bene* (gut).

475f.   Kombination von *similiter cadens* und *similter desinens* (vgl. V. 473f.). In Eberhards Beispiel weisen sowohl *mentis* (des Geistes) und *documentis* (durch Lehren) als auch *sanctis* (durch heilige) und *cordis* (des Herzens) jeweils unterschiedliche Kasus, aber – abgesehen von Länge und Kürze – gleiche Endungen auf. Bei *supera* (überwinde) und *propera* (beeile dich) liegt eindeutig *similiter desinens*, bei *munditiam* (Reinheit) und *piam* (fromme) *similiter cadens* vor.

477f.   *Adnominatio* = Paronomasie: Wiederholung von Teilen des Wortkörpers bei abweichender Wortbedeutung, in Eberhards Beispiel die Wiederholung des Bestandteils *ca(r)* in *cariem* (die Fäulnis), *carnis* (des Fleisches), *carebis* (wirst du entbehren), *canina* (hündische) und *caro* (Fleisch).

479–484   *Subiectio*: Der Redner stellt sich selbst oder dem Gegner Fragen, um sie sogleich mit Einwänden zu kontern. In den Versen 483f. fügt Eberhard noch eine Schlussfolgerung an.

485f.   *Gradatio*: Steigerung, bei der ein Glied jeweils auf das vorhergehende zurückgreift.

487f.   *Definitio*: Begriffsbestimmung.

489f. *Transitio*: Kurze Zusammenfassung des bisher Gesagten und Hinweis auf das Folgende.

490–492 *Correctio*: Ersetzung einer Formulierung durch eine geeignetere.

493f. *Occultatio*: Der Redner erklärt, dieses und jenes übergehen zu wollen, und hebt es auf diese Weise erst recht hervor.

495f. *Disiunctio* = Hypozeuxis, vgl. den Kommentar zu V. 269–298.

497f. *Coniunctio*: Verb in Zwischenstellung zwischen zwei alternativen Gliedern.

499f. *Adiunctio*: Verb am Anfang (V. 499) bzw. am Ende (V. 500) zweier alternativer Glieder.

501f. *Conduplicatio*: Wiederholung eines Ausdrucks zwecks Steigerung oder Mitleidserregung.

503f. *Interpretatio*: Kombination synonymer Ausdrücke.

505f. *Commutatio*: antithetischer Chiasmus.

507f. *Permissio*: Der Redner stellt eine Sache jemand anderem anheim. In Eberhards Beispiel legt der Redner diese Anheimstellung nun allerdings seinem Gegenüber in den Mund.

509f. *Dubitatio*: Gespielter Zweifel des Redners, welches von mehreren Wörtern das passendere ist.

511–514 *Expeditio*: Aufzählung verschiedener Möglichkeiten, von denen alle bis auf eine ausgeschieden werden.

515f. *Dissolutum* = Asyndeton: Weglassung von Konjunktionen.

517f. *Praecisio*: Abbruch eines Satzes.

519f. *Conclusio*: Schlussfolgerung.

521f. Auffälligerweise beziffert Eberhard die Anzahl der – nach der *Rhetorica ad Herennium* eigentlich 35 – Wortfiguren auf 36. Folgt man der Ausgabe Farals, dann liegt das am überzähligen *permixtum*, d. h. der Kombination der Figuren *similiter cadens* und *similiter desinens*. Es fällt allerdings auf, dass Eberhard, der in der Regel genau ein Distichon auf jede Wortfigur verwendet – nur *subiectio* (V. 479–484) und *expeditio* (V. 511–514) haben ‚Überlänge' – auf *similiter cadens* + *similiter desinens* + *permixtum* nicht drei, sondern nur zwei Distichen (V. 473–476) verwendet, so dass hier möglicherweise doch nur zwei Figuren anzusetzen sind. Eine andere Möglichkeit, auf die Zahl 36 zu kommen, bestünde dann darin, *repetitio* und *conversio*, die Eberhard zusammen in nur einem Distichon (V. 443f.) behandelt, entsprechend auch nur als eine Figur und dafür die drei Unterarten der *continuatio*, die Eberhard in drei Distichen (V. 465–470) behandelt, als drei Figuren zu rechnen.

525–594   Während Galfrid die Gedankenfiguren zunächst einzeln charakterisiert (*Poetria nova*, V. 1238–1280) und dann durch einen fortlaufenden Text illustriert, der als Ansprache an den Papst mit kirchenkritischen Untertönen beginnt und in eine lange Erzählung von Sündenfall und Erlösung ausläuft (ebd. V. 1285–1332), beschränkt sich Eberhard auch hier auf die Illustration der Figuren durch einen fortlaufenden Text.

525f.   *Distributio*: Zuteilung verschiedener Tätigkeiten und Pflichten an verschiedene Personen(gruppen).

527f.   *Licentia*: Freimütige Kritik an einem Mächtigeren.

529f.   *Deminutio*: Abschwächung.

531f.   *Descriptio*: Beschreibung. Bereits das erste Beispiel der *Rhetorica ad Herennium*, 4,51, bedient sich eines Tiervergleichs, und auch Galfrid, *Poetria nova*, V. 1292–1294, scheint die Figur in diesem Sinne aufzufassen. – Argus: Vieläugiger Riese der griechischen Mythologie.

533f.   *Divisio*: Unterscheidung zweier Punkte, die dann getrennt behandelt werden.

535f.   *Frequentatio*: Zusammenfassende Aneinanderreihung von Anklagepunkten.

537f.   *Expolitio*: Ausschmückung. Eberhard beschränkt sich auf die Unterart der Kombination synonymer Ausdrücke, die *de facto* mit der Wortfigur der *interpretatio* (vgl. V. 503f.) identisch ist.

539f.   *Sermocinatio*, vgl. unten V. 553–558. Eberhard bringt die Figur schon hier, weil die *Rhetorica ad Herennium*, 4,55, sie als eines der Mittel der *expolitio* anführt. Möglicherweise will er damit auch einen Ersatz für die eigentlich auf die *expolitio* folgende *commoratio* (Verweilen bei einer zentralen Stelle) schaffen, zu der schon die *Rhetorica ad Herennium*, 4,58, anmerkt, dass sich für sie kein hinreichend geeignetes Beispiel finden lasse.

541f. *Contentio* = Antithese: Kombination gegensätzlicher Gedanken.

543f. *Similitudo*: Gleichnis.

545f. *Exemplum*: Beispielhaftes Anführen einer Tat oder eines Ausspruchs der Vergangenheit unter Nennung des Autornamens. Eberhard zitiert hier Ovid, *Amores*, 2,6, V. 40.

547f. *Imago*: Vergleich einer Person mit einem Tier oder mit einer anderen Person.

549f. *Effictio*: Beschreibung des Äußeren einer Person.

551f. *Notatio*: Charakterisierung einer Person.

553–558 *Sermocinatio*: Charakterisierung einer Person durch eine Rede, die man ihr in den Mund legt.

559f. *Conformatio*: Die Rede wird einer abwesenden Person bzw. einer konkreten oder abstrakten Sache in den Mund gelegt.

561–570 *Significatio* = Emphase: nachdrückliche Andeutung. Eberhard scheint hier die fünf in der *Rhetorica ad Herennium*, 4,67, voneinander unterschiedenen Mittel der *significatio* vorführen zu wollen: Übertreibung (V. 561f.), Zweideutigkeit (V. 563f.), Folge (V. 565f.), Abbruch (V. 567f.) und Gleichnis (V. 569f.).

571f. *Brevitas*: Kürze durch Beschränkung auf das unbedingt Notwendige. Eberhard gibt hier eine Kurzfassung der Josefsgeschichte, die er anschließend breiter auserzählt.

573–594 *Demonstratio*: erzählerische Veranschaulichung.

573f. „Israel aber liebte Josef mehr als alle seine Brüder, weil er ihn im hohem Alter gezeugt hatte, und machte ihm eine buntgewebte Tunika" (Gn 37,3). Zu Natura, die Josef verschwenderisch ausstattet, vgl. schon Petrus Riga, *Aurora*, *Liber Genesis*, V. 1067–1078, bes. V. 1069f.: *In pueri uultum tantum fuit illa decoris / Prodiga, post munus pene remansit inops* („So verschwenderisch an Schmuck war sie bezüglich des Aussehens / des Knaben, dass sie nach diesem Dienst fast mittellos zurückblieb").

575f. Wegen seiner Bevorzugung durch den Vater und weil er ihnen von Träumen berichtet, die deutlich seine Vorrangstellung zum Ausdruck bringen, beginnen die Brüder Josef zu hassen (Gn 37,4–11).

577f.   Auf Geheiß seines Vaters begibt sich Josef zu seinen Brüdern, die das Vieh weiden (Gn 37,12–17). „Als sie ihn in der Ferne gesehen hatten, überlegten sie, bevor er bei ihnen ankam, ihn zu töten, und sprachen untereinander: ‚Siehe, der Träumer kommt‘" (Gn 37,18f.).

579f.   Statt Josef umzubringen, verkaufen ihn die Brüder an vorbeiziehende Händler, die ihn nach Ägypten bringen (Gn 37,20–28). Als die Brüder ihrem Vater vortäuschen, Josef sei von einem wilden Tier zerrissen worden, ist dieser untröstlich (Gn 37,29–35).

581f.   Die Händler verkaufen Josef an den Hof des Pharaos, wo er zunächst zum Hausverwalter aufsteigt, dann aber aufgrund einer falschen Anschuldigung der von ihm zurückgewiesenen Frau des Pharaos im Gefängnis landet (Gn 39). Seiner traumdeuterischen Fähigkeiten wegen wird Josef vom Pharao zum Befehlshaber über Ägypten ernannt, um der von ihm vorhergesehenen Hungersnot vorzubeugen (Gn 41,1–45).

583f.   Da Josef in den sieben üppigen Jahren seiner Befehlsgewalt reiche Vorräte hat anlegen lassen, steht in den dann hereinbrechenden sieben Jahren der Hungersnot so viel Getreide zur Verfügung, dass man sogar noch Getreide an den Rest der Welt verkaufen kann (Gn 41,46–57).

585–588   Als der Vater hört, dass es in Ägypten Getreide zu kaufen gibt, schickt er zehn seiner verbliebenen elf Söhne dorthin (Gn 42,1–4). – Fama: römische Göttin des Ruhms und des Gerüchts.

589f.   Eberhard erzählt hier sehr verkürzt. Der erste Teilsatz scheint sich bereits auf die zweite Reise der Söhne nach Ägypten zu beziehen, für die wiederum die Hungersnot den Ausschlag gibt: „Unterdessen bedrückte der Hunger das ganze Land heftig, und als die Nahrung aufgebraucht war, die sie aus Ägypten gebracht hatten, sagte Jakob zu seinen Söhnen: ‚Kehrt zurück und kauft ein wenig Essen!‘" (Gn 43,1f.). Erst diesmal gibt Josef sich seinen Brüdern zu erkennen und schickt sie reich ausgestattet zurück, um ihren Vater nachzuholen. Der zweite Teilsatz bezieht sich auf diese zweite Rückkehr der Söhne zu ihrem Vater: „Sie stiegen hinauf und kamen von Ägypten in das Land Kanaan zu ihrem Vater Jakob. Und sie berichteten ihm, indem sie sagten: ‚Josef lebt, und er herrscht im ganzen Land Ägypten‘" (Gn 45,25f.).

591f.   „Sie berichteten dagegen den gesamten Ablauf des Ereignisses, und als er die Wagen und alles, was er geschickt hatte, gesehen hatte, lebte sein Geist wieder auf, und er sagte: ‚Es genügt mir, wenn Josef, mein Sohn, noch lebt. Ich werde gehen und ich werde ihn sehen, bevor ich sterbe‘" (Gn 45,27f.).

593f.   Josefs Vater begibt sich mit seinen Söhnen nach Ägypten (Gn 46), und Josef arrangiert es, dass sie mit Erlaubnis des Pharaos in der Provinz Goschen siedeln dürfen (Gn 47,1–12).

„Also wohnte [das Volk] Israel in Ägypten, das heißt im Land Goschen, und besaß es, und es wurde vergrößert und wurde sehr vermehrt" (Gn 47,27).

595f. D. h. es existieren 20 – 1 = 19 Gedankenfiguren, vgl. schon Galfrid von Vinsauf, *Poetria nova*, V. 1282.

598 Man könnte zunächst geneigt sein, an die um 1144/45 verfasste *Summa dictaminum* des Magister Bernardus (vgl. Worstbrock u. a. 1992, S. 24–42) zu denken, auf die Eberhards Aussagen allerdings nur bedingt passen. Die Forschung hat deshalb in Erwägung gezogen, Eberhards Vers auf die als mustergültig empfundene, in *Megacosmus* und *Microcosmus* untergliederte *Cosmographia* des Bernardus Silvestris zu beziehen, vgl. Kelly 1991, S. 57–61, und Kauntze 2014, S. 37f.

599-684 Autorenkataloge begegnen in mittelalterlichen Poetiken sonst nicht, haben aber eine gewisse Tradition im schulischen Kontext (vgl. Curtius [11]1993, S. 58–61; Copeland 2011). Zu nennen ist insbesondere der in der ersten Hälfte des 12. Jahrhunderts entstandene, einundzwanzig Autoren umfassende *Dialogus super auctores* Konrads von Hirsau. Im Gegensatz zu diesem scheidet Eberhard – wie später übrigens auch Hugo von Trimberg in seinem um 1280 entstandenen, achtzig Autoren umfassenden *Registrum multorum auctorum* – die reinen Prosaiker aus.

600 Im Hintergrund dieser Formulierung steht Horaz, *Epistulae*, 2,1, V. 126: *os tenerum pueri balbumque poeta figurat* („Den zarten, noch stammelnden Mund des Knaben formt der Dichter"). Die Bezugnahme dürfte programmatischer Natur sein, macht sich doch Horaz in dem betreffenden Brief für eine stärkere Wertschätzung zeitgenössischer Autoren stark, wie sie auch aus Eberhards Zusammenstellung – nicht weniger als fünfzehn der insgesamt vierzig Autoren sind dem 12. Jahrhundert zuzuordnen! – spricht.

603-622 Trotz einiger Erweiterungen, die Eberhard vornimmt, ist hier deutlich der so genannte *Liber Catonianus* – eine Zusammenstellung von sechs Autoren, die sich im Grammatikunterricht des 12./13. Jahrhunderts als elementar herauskristallisieren – wiederzuerkennen (grundlegend zum *Liber Catonianus* Boas 1914, überlieferungsgeschichtliche Abstriche bei Baldzuhn 2009, Bd. 1, S. 90–105). Der *Liber Catonianus* zerfällt in eine erste Trias mit moraldidaktischer Stoßrichtung (*Disticha Catonis*, Ekloge des Theodulus, Fabeln Avians) und eine zweite Trias, in der die Themen Sexualität und Geschlechterverhältnis dominieren (Elegien des Maximian, Claudians *De raptu Proserpinae*, Statius' *Achilleis*). Eberhard erweitert die erste Trias um die Fabeln des so genannten Anonymus Neveleti („Äsop"), die zweite Trias um die beiden Komödien *Pamphilus de amore* und *Geta* sowie – als krönenden Abschluss – die Werke des *praeceptor amoris* Ovid.

603f. Zu den *Disticha Catonis* vgl. den Kommentar zu V. 71f.

605f.   Die im 9./10. Jahrhundert entstandene Ekloge des Theodulus ist als Streitgespräch zwischen einem die Falschheit personifizierenden Hirten aus Athen und einer die Wahrheit personifizierenden Hirtin aus dem Geschlecht Davids angelegt, bei dem die personifizierte Vernunft (Phronesis) als Schiedsrichterin fungiert.

607–610   Gegenüber der um 400 n. Chr. entstandenen Fabelsammlung Avians bot sich die in der zweiten Hälfte des 12. Jahrhunderts entstandene, im Mittelalter schlicht unter dem Namen Äsops firmierende Fabelsammlung des so genannten Anonymus Neveleti als „zeitgenössischere Alternative des Fabelstudiums" (Baldzuhn 2009, Bd. 1, S. 90) an.

611f.   In seinen im 6. Jhd. entstandenen Elegien klagt der Dichter Maximian über die Leiden des Alters und lässt seine erotischen Abenteuer Revue passieren. Eberhards V. 612 („von sich selbst hat Maximian den Stoff") erinnert von fern an V. 2 („als Stoff gab sie [Camena] dir [dem Leser] mich"). Der Anklang ist vielleicht gewollt, verpackt Eberhard seine Dichtungslehre doch in eine Elegie auf die Leiden zwar nicht des Alters, wohl aber des Lehrerdaseins.

613f.   Die im 12. Jahrhundert entstandene Komödie *Pamphilus de amore* handelt von der Liebe des Pamphilus zur vornehmen Galathea, die er mit Hilfe einer alten Kupplerin für sich gewinnen kann.

615f.   Die ebenfalls im 12. Jahrhundert entstandene Komödie *Geta* des Vitalis von Blois ist eine freie Bearbeitung von Plautus' *Amphitruo* (3./2. Jahrhundert v. Chr.) Eberhards Distichon dürfte sich auf die Klage von Amphitruos Diener Geta (Plautus' Sosia) beziehen, den der als Geta verkleidete Merkur davon überzeugt hat, gar nicht zu existieren, um auf diese Weise seinem (Merkurs) Vater Jupiter den Rücken freizuhalten, der sich in Gestalt des abwesenden Amphitruo mit dessen Gattin Alkmene vergnügt.

617f.   Das unvollendete Epos *De raptu Proserpinae* des spätantiken Dichters Claudian (ca. 370 – nach 404) hat den Raub Proserpinas (= Persephones) durch den Unterweltsgott Pluto zum Gegenstand.

619f.   In seiner ebenfalls unvollendeten *Achilleis* behandelt Statius (ca. 40–96 n. Chr.) die Kindheit Achills (Enkels des Stammvaters Aiakos). Eberhards Verse beziehen sich auf die Verkleidung des Helden als Frau durch die besorgte Mutter und seine Enttarnung durch eine List des Odysseus, der den Helden auf diese Weise für den Trojanischen Krieg gewinnt.

621f.   Der Dichter Ovid (43 v. Chr. – 17 n. Chr.) hat seit der zweiten Hälfte des 11. Jahrhunderts seinen festen Platz unter den Schulautoren inne (vgl. Kugler 1989, Sp. 249–251), seine *Remedia amoris* beginnen im Verlauf des 13. Jahrhunderts die Elegien des Maximian aus dem *Liber Catonianus* zu verdrängen (vgl. Hunt 1991, Bd. 1, S. 70). Eberhards Formulierung ist allerdings zu entnehmen, dass er nicht nur an die *Remedia*, sondern auch an andere Werke – nicht zuletzt wohl an die aufgrund ihrer Freizügigkeit als nicht unproblematisch eingestufte *Ars amatoria* – denkt.

623–630 Es folgen – in annähernd chronologischer Reihenfolge – die Satiriker. Den Anfang macht der Klassiker Horaz, der damit direkt nach dem Klassiker Ovid zu stehen kommt. Mit Juvenal (1./2. Jahrhundert) und Persius (34–62 n. Chr.) folgen zwei Dichter der silbernen Latinität, bevor mit Johannes von Hauvilla ein Dichter des 12. Jahrhunderts den Abschluss bildet.

623f. Zu den zweimal zwei satirischen Büchern des aus Venusia stammenden Dichters Horaz (65–8 v. Chr.) rechnet Eberhard neben den zwei Büchern der *Sermones* (= Satiren) offenbar auch die zwei Bücher der *Epistulae* (= Briefe).

626 Das Verb *panniculare* ist eine Neubildung Eberhards zu *panniculus*, einer Verkleinerungsform von *pannus* = ‚Tuchlappen, Lumpen, Fetzen‘. Im poetologischen Kontext begegnet *pannus* bereits bei Horaz, *Ars poetica*, V. 16, zum Fortwirken dieser Stelle in Spätantike und Mittelalter vgl. Quadlbauer 1980. Die von Eberhard intendierte Bedeutung dürfte in Richtung „durch umschreibende Worte notdürftig bemänteln“ gehen.

629f. Der unter der Sündhaftigkeit der Welt und seiner selbst leidende „Erz-Weiner“, Titelheld des um 1184 von Johannes von Hauvilla verfassten allegorisch-satirischen *Architrenius*, gelangt auf seiner Suche nach der heilenden Natur unter anderem zum Palast der Venus, zum Berg des Ehrgeizes, zum Hügel der Anmaßung und zum Schauplatz des Kampfs der Freigiebigen gegen die Gierigen, bevor ihm die personifizierte Natur dann schließlich die Jungfrau Mäßigkeit (Moderantia) zur Ehe gibt.

631–648 Es folgt die Behandlung historischer bzw. für historisch gehaltener Stoffe, die sich in zwei Blöcke untergliedert. Der erste Block ist wiederum annähernd chronologisch nach Autoren geordnet: Auf den Klassiker Vergil folgen mit Statius und Lukan zwei Autoren der silbernen Latinität und mit Walter von Châtillon ein Autor des 12. Jahrhunderts. Etwas im luftleeren Raum steht Claudian, der freilich über das Gegensatzpaar Cato-Rufinus schon vorher eng an Walther von Châtillon herangerückt worden ist (vgl. den Kommentar zu V. 369–372). Im zweiten Block dominiert dann die Chronologie der behandelten Ereignisse: Vom Trojanischen Krieg (Dares Phrygius und *Ilias latina*) gelangt Eberhard über den etwas rätselhaften sidonischen König (vgl. den Einzelkommentar zu V. 645f.) bis zum *Solimarius* Gunthers von Pairis – und damit zum ersten Kreuzzug.

631f. Im Mittelalter wurden die drei Werke des Dichters Vergil (70–19 v. Chr.) gern den drei Stilebenen zugeordnet: die Eklogen (hier vertreten durch das Rind) dem niederen, die

Georgica (hier vertreten durch den Acker) dem mittleren und die *Aeneis* dem hohen Stil, vgl. Frenz 2006, S. 55–59. Im Hinblick auf die nun folgende Geschichtsdichtung erweist sich natürlich insbesondere die *Aeneis* als anschlussfähig.

633f. In seiner *Thebais* behandelt Statius (ca. 40–96 n. Chr.) den tödlichen Bruderkrieg der Ödipussöhne Eteokles und Polyneikes.

635f. In seinem Epos *De bello civili* behandelt Lukan (39–65 n. Chr.) den römischen Bürgerkrieg zwischen Caesar und Pompeius. Die helle Lampe, der Lukan die Bürgerkriege aufbürde, steht metonymisch für die nächtliche Arbeit an der Dichtung.

637f. Die *Alexandreis* Walters von Châtillon (ca. 1135–1190) ist stark von Lukan beeinflusst, vgl. von Moos 2009.

639f. Als Hofdichter des weströmischen Kaisers Honorius und seines Heermeisters Stilicho verfasste Claudian (ca. 370 – nach 404) neben verschiedenen panegyrischen Gedichten u. a. auch eine Invektive gegen Stilichos politischen Gegner Rufinus. – Helikon: Berg der Musen.

641f. Die im 5. Jahrhundert n. Chr. vermutlich nach einer griechischen Vorlage verfassten *Acta diurna belli Troiani* des angeblichen Augenzeugen Dares Phrygius reichen von der Vorgeschichte des Trojanischen Kriegs bis zur Zerstörung Trojas.

643f. Homers *Ilias* war dem Mittelalter nur in Form der lediglich 1070 Hexameter umfassenden *Ilias latina* aus dem 1. Jahrhundert n. Chr. bekannt. – Die griechische Stadt bzw. Landschaft Argo steht dichterisch für Griechenland überhaupt.

645f. Ist hier auf eine der lateinischen Versfassungen der *Historia Apollonii regis Tyri* angespielt (Manitius 1889, S. 40)? Schon bei Gottfried von Viterbo (1125 – nach 1191), der die Geschichte seinem *Pantheon* (Buch 11, Sp. 282–292) einverleibt, ist Apollonius jedenfalls nicht nur König von Tyros, sondern auch von Sidon (vgl. Klebs 1899, S. 339f. u. 348). Aber wie passt das zum Sidonianischen Schreibrohr, das doch nur für Sidonius Apollinaris (431/32 – nach 479) stehen kann, der keinerlei Geschichte des Königs Apollonius verfasst hat? Liegt womöglich eine Verwechslung mit Apollonius von Tyana vor, von dessen Vita Sidonius Apollinaris laut eigener Aussage eine *translatio* (wohl aber nicht Übersetzung, sondern bloß Abschrift) angefertigt hat (Sidonius, Epist. VIII,3)?

647f. Der *Solimarius* Gunthers von Pairis (ca. 1150–1220), ein Epos über den ersten Kreuzzug, ist nur bruchstückhaft überliefert.

649–684 Die nun noch folgenden Autoren und Werke lassen sich sämtlich der Rubrik ,religiöse Dichtung und Lehrdichtung' zuschlagen. Als Unterabteilungen ergeben sich zunächst Naturkunde (Kräuter, Edelsteine), Bibeldichtung (Versbibel, Leben Jesu, Apostelgeschichte) allegorische Dichtung (Prudentius, Alanus) und ein ,philologischer' Block, bestehend aus Poetiken bzw. poetischen Mustertexten (Matthäus von Vendôme mit dem *Tobias*, Galfrid von Vinsauf mit der *Poetria nova*) und Versgrammatiken (*Doctrinale*, *Graecismus*). Während sich Eberhard bis hierher auf reine Versdichtungen beschränkt hat, folgen nun noch zweimal drei Texte, die Vers und Prosa mischen (vgl. die Ankündigung V. 671f.). Die erste Trias setzt den ,philologischen' Block fort (Prosper von Aquitanien mit seinen versifizierten Augustin-Exzerpten, Matthäus von Vendôme mit seiner *Ars versificatoria*, Radulfus de Longo Campo mit seinen *Distinctiones a voce*), die zweite dagegen kehrt zu den allegorischen Texten zurück (Martianus Capella, Boethius, Bernardus Silvestris).

649f. Gemeint ist die Schrift *De viribus herbarum*, ein im 11. Jahrhundert von einem gewissen Odo von Meung unter dem Namen Macer verfasstes Standardwerk der Kräuterheilkunde in lateinischen Hexametern (zu Autor und Werk vgl. Jansen 2013, S. 48–54). Honig fungiert in den von Macer präsentierten Rezepten in der Tat als eine der wichtigsten Trägersubstanzen. Darüber hinaus dürfte die auffällige Formulierung von V. 650 aber auch den Zweck verfolgen, die Heilkunde auf eine heilsgeschichtliche Dimension hin zu öffnen, vgl. etwa weiter unten die Charakterisierungen Marias als Kammer des Honigs (V. 792) und süße Medizin (Anhang zur rhythmischen Dichtung Str. 5,2).

651f. Man wird an das ebenfalls in lateinischen Hexametern gehaltene Lehrbuch *De lapidibus* des Dichters Marbod von Rennes (ca. 1035–1123) denken dürfen. Eberhards Bemerkung V. 652 lässt zwei gegensätzliche Deutungen zu. Entweder man denkt an Edelsteine und assoziiert den rhetorischen Schmuck, womit Eberhard dem Autor einen schmucklosen Stil unterstellen würde. Oder aber – wahrscheinlicher – man hat an die Nebenbedeutung von *lapis* „Dummkopf" zu denken, so dass dem Autor Gewitztheit attestiert würde. Vgl. auch Sedgwick 1927, S. 342.

653f. Petrus Riga (ca. 1140–1209) ist der Verfasser einer Versbibel mit dem Titel *Aurora*.

655f. Sedulius (gest. um 450) ist der Verfasser eines Lebens Jesu mit dem Titel *Paschale Carmen*.

657f. Der Dichter Arator verfasste im 6. Jahrhundert eine *Historia Apostolica* (Apostelgeschichte).

659f. Die *Psychomachie* des Prudentius (348 – nach 405) schildert allegorisch die Zweikämpfe der (jeweils siegreichen) Tugenden gegen die (jeweils unterliegenden) Laster in der menschlichen Seele.

661f. In seinem *Anticlaudian* lässt Alanus ab Insulis (ca. 1120–1202) die sieben freien Künste, die ausführlich beschrieben werden, an den zur Erschaffung des neuen Menschen notwendigen Vorbereitungen teilhaben. Auf die Erschaffung des neuen Menschen folgt dann noch ein Kampf der Tugenden gegen die Laster, der der *Psychomachie* des Prudentius nachgebildet ist. Tugenden und Laster spielen auch in Alans anderem großen allegorischen Text *De planctu Naturae* eine entscheidende Rolle. Dieser fällt zwar formal unter die Prosimetra, wird aber von Eberhard unter diesen (V. 671–684) nicht eigens erwähnt, so dass man ihn hier vielleicht mitdenken darf.

663f. Der *Tobias* des Matthäus von Vendôme (12. Jahrhundert), eine Umsetzung des gleichnamigen Buchs der Bibel in elegische Distichen vom Verfasser der *Ars versificatoria* (vgl. V. 675f.), dürfte für Eberhard durchaus den Status eines Mustertexts gehabt haben, so dass es kein Wunder ist, wenn er ihn – wie später übrigens auch Hugo von Trimberg in seinem *Registrum multorum auctorum*, vgl. dazu Langosch 1942, S. 11f. – unmittelbar vor Galfrids *Poetria nova* platziert. V. 663 spielt auf *Tobias*, V. 1f. an, wo mit dem alten Acker, dem die Samen der Tugenden, das Pflänzchen der Sitten und die weite Saat der Gerechtigkeit entkeimten, das Alte Testament gemeint ist.

665f. Hier kann nur die um 1210 entstandene *Poetria nova* Galfrids von Vinsauf gemeint sein. Auffällig ist die Tatsache, dass Eberhard weder den Autor noch den Titel desjenigen Textes nennt, der ihm über weite Partien hinweg als Hauptquelle dient (vgl. den Kommentar zu V. 343–598). Im Hintergrund könnte Seneca (ca. 1 v. Chr. – 65 n. Chr.) stehen, der im Rahmen seines berühmten Bienengleichnisses bemerkt: „Das möge unser Geist erreichen: Er soll alles, wodurch er auf die Sprünge gebracht wurde, verbergen und nur das Ergebnis zeigen, das er erzielt hat" (*Epistulae morales* 84,7). Zur mittelalterlichen Rezeption dieser Stelle vgl. Stackelberg 1956.

667f. Das *Doctrinale* ist eine von Alexander von Villedieu (geb. um 1170) verfasste Versgrammatik, die aus den spätantiken Grammatikern Donat und Priscian schöpft. Auf letzteren ist mit dem Adjektiv *priscus* (altehrwürdig) angespielt, vgl. auch schon V. 209f.

669f. Der *Graecismus* ist eine von Eberhard von Béthune (gest. um 1212) verfasste Versgrammatik, die unter anderem ein Kapitel über aus dem Griechischen stammende Nomina enthält. – Latium: Kerngebiet des Römischen Reichs, daher auch dichterisch für dieses verwendet.

671–684 Während es sich bei der zweiten der in V. 671f. angekündigten Triaden um Prosimetren im engeren Sinn handelt (V. 679–684), hat die Kombination von Vers und Prosa in der ersten Trias andere als rein kompositorische Gründe (V. 673–678). Zur Problematik des Begriffs ‚Prosimetrum' vgl. Schaller 1998, S. 614–616.

673f. Gemeint ist Prosper von Aquitanien (ca. 390 – nach 455), der nicht nur Sentenzen aus den Werken Augustins exzerpiert (*Liber sententiarum*), sondern zu einem Teil dieser Sentenzen auch Epigramme liefert (*Liber epigrammatum*), wobei er einen gewissen Wert auf die von ihm als *pars* bezeichnete Einheit von Sentenz und zugehörigem Epigramm legt (vgl. Schröder 1999, S. 193).

675f. Gemeint ist die vor 1175 entstandene, grundsätzlich in Prosa gehaltene, aber mit ausführlichen Versbeispielen versehene *Ars versificatoria* des Matthäus von Vendôme. Rufus ist ein in der *Ars versificatoria* mehrfach erwähnter Intimfeind des Dichters, dessen wahre Identität – es handelt sich um Arnulf von Orléans (12. Jhd.) – erst am Ende enthüllt wird (vgl. die Einleitung der Übersetzung Parr 1981, hier S. 8–14).

677f. Gemeint sein dürften die *Distinctiones a voce* des Radulfus de Longo Campo (1153/60 – nach 1212/13), „ein umfängliches, alphabetisch geordnetes Wörterbuch [ ], das die verschiedenen Bedeutungen eines Wortes in der Weise der biblischen *Distinctiones* unterscheidet", wobei „jedes Lemma am [ ] Ende in mnemotechnischen Versen zusammengefasst [wird]" (Wollin 2007, S. 308; zur Identifikation des Textes, der von der früheren Forschung meist Johannes de Garlandia zugeschrieben wurde, ebd. S. 310).

679–684 Wie schon seinen Katalog der nicht gelesenen Bücher im Traum der Mutter (vgl. den Kommentar zu V. 61–66) schließt Eberhard auch seinen *Auctores*–Katalog mit einer ausgesprochen ‚chartrensischen' Trias ab: Auf Martianus Capellas *De nuptiis* und Boethius' *Consolatio*, die Jeauneau 1960, S. 7, beide zu den vier Grundpfeilern des in Chartres gepflegten Platonismus rechnet, folgt die in enger Auseinandersetzung mit einem weiteren dieser vier Grundpfeiler – nämlich Platons *Timaios* in der Übersetzung und mit dem Kommentar des Calcidius, vgl. dazu Dronke 2008, S. 141–160 – verfasste *Cosmographia* des Bernardus Silvestris.

679f. Bei dem Werk *De nuptiis Philologiae et Mercurii* des Martianus Felix Capella (5./6. Jahrhundert) handelt es sich um ein Lehrbuch über die sieben freien Künste, die in der allegorischen Rahmenhandlung als Geschenke Merkurs an seine Braut, die Philologie, fungieren. Mit seiner Formulierung, die eine gewisse Gleichzeitigkeit zwischen dem schriftlichen Erzählakt und dem Fortgang der erzählten Geschichte suggeriert, reagiert Eberhard möglicherweise auf einige Partien des Textes, die einen solchen metaleptischen Kurzschluss in der Tat in Szene setzen (vgl. zu diesen Partien Döpp 2009).

681f. Gemeint ist die *Consolatio Philosophiae* des Boethius (ca. 480–524), in der sich der ehemals hoch angesehene, dann aber durch Verleumdung in Gefangenschaft geratene und zum Tode verurteilte Autor heftig über sein Schicksal beklagt, bevor er von der personifizierten Philosophie, die ihm die Nichtigkeit der irdischen Güter und die Bedeutung Gottes als des höchsten Guts und Lenkers der irdischen Geschicke vor Augen führt, getröstet wird.

683f.   Die vor 1147 entstandene, überaus einflussreiche *Cosmographia* des Bernardus Silvestris ist in einen ersten, *Megacosmus* betitelten Teil über die Erschaffung des Kosmos durch die personifizierte göttliche Vorsehung (Noys) und einen zweiten, *Microcosmus* betitelten Teil über die Erschaffung des Menschen durch die personifizierté Natur untergliedert.

687   Fama: römische Göttin des Ruhms und des Gerüchts.

692   Gemeint ist das Skandieren der Verse.

693   Neoptolemos (= junger Krieger) ist in der griechischen Mythologie der Sohn des Achill und der Deidameia. Eberhard nimmt den Namen beim Wort und bezeichnet damit die jungen, im Kampf mit den Tücken des Metrums noch unerfahrenen Schüler. Zur Gleichsetzung von Kampf und Metrum vgl. auch V. 887f.

699–816   Versucht man einen systematisierenden Überblick, so lässt sich sagen, dass sich Eberhards Metriklehre auf drei Arten von Wiederholungsstrukturen bezieht: erstens die Wiederholung charakteristischer Wortartenkombinationen, sei es mit Hyperbaton (V. 699–704) oder ohne Hyperbaton (V. 735–758); zweitens die Wiederholung konkreter Wörter, sei es im Distichon (V. 759–774) oder in reinen Hexametern (V. 802–816); drittens Reim, wiederum entweder beim Distichon (V. 705–733) oder bei reinen Hexametern (V. 775–801). Insbesondere hinsichtlich des dritten Punkts ist der *Laborintus* die wichtigste mittelalterliche Quelle (vgl. Meyer 1905, S. 80). Die anderen Poetiken haben nichts Vergleichbares, Matthäus von Vendôme spricht sich sogar ausdrücklich gegen gereimte Hexameter aus (*Ars versificatoria*, 2,43). Zu Eberhards Metriklehre vgl. auch Vollmann 2019.

699–704   Die drei Teilsätze eines jeden Distichons folgen nicht als ganze aufeinander, sondern sind mittels der Figur des Hyperbatons derart ineinander verschränkt, dass zunächst die drei Subjekte, dann die drei Prädikate, dann die drei Objekte und dann die drei Adverbiale aufeinander folgen. Wohl aufgrund der Beliebtheit dieser so genannten *Rapportati* (vgl. Curtius [11]1993, S. 290f.; Liede [2]1992, Bd. 2, S. 158–160) bringt Eberhard sie gleich zu Beginn.

705–733   Als Träger des Reims können beim Distichon entweder nur die Versenden oder zusätzlich auch die Enden der jeweils ersten Vershälfte fungieren. Im ersten Fall ergeben sich so genannte *Caudati* (V. 711–716), im zweiten Fall ist je nach Reimschema weiter zu unterscheiden zwischen *Leonini* (aa:bb, V. 705–710), *Collaterales* (ab:ab, V. 717–721), *Unisoni* (aa:aa, V. 722–727) und *Cruciferi* (ab:ba, V. 728–733). Zur Terminologie vgl. Meyer 1905, S. 82–84.

705f. Die Forschung hat die Bezeichnung *Leonini* (,leoninische Distichen' bzw. ,leoninische Hexameter') alternativ auf Papst Leo den Großen (5. Jahrhundert) und seine Technik des als *cursus leoninus* bezeichneten rhythmischen Satzschlusses oder auf einen unbekannten Dichter desselben Namens aus dem 12. Jahrhundert bezogen.

707 Zur Simonie vgl. den Kommentar zu V. 279–282.

711f. Das Attribut ,geschweift' (*caudatus*) bezieht sich also lediglich auf die durch Reim miteinander verbundenen Versenden (Reimschema: aa) und hat nichts mit dem heute so genannten ,Schweifreim' (Reimschema: aabccb) zu tun.

720–730 Hier ist in Farals Ausgabe die Verszählung um einen Vers nach unten verrutscht. Ich vergebe deshalb die Versnummer 719 zweimal und streiche dafür die Versnummer 734.

722f. Eberhard interpretiert die *Unisoni* (Bindung sämtlicher Binnen- und Endreime) also als Kombination aus *Leonini* (Bindung von Binnen- und Endreim) und *Caudati* (Bindung der Endreime).

735–758 Die Kombination von Wortarten spielt auch in Galfrids Kapitel über die *determinatio* (*Poetria nova*, V. 1766–1846) eine wichtige Rolle. Grundlegend für Eberhard ist die Unterscheidung zwischen Nomen (Substantiv oder Adjektiv) und Verb. An charakteristischen Zweierkombinationen sind denkbar: erstens die Kombination zweier Nomen (V. 735–740), zweitens die Kombination zweier Verben (V. 741–746), drittens die Kombination von Verb und Nomen (V. 747–752). An Dreierkombinationen spielt Eberhard lediglich die Kombination eines Verbs mit zwei Nomen durch (V. 753–758). Als Kombination eines Verbs mit drei Nomen lassen sich Eberhards *Rapportati* (V. 699–704) interpretieren.

735 Die metaphorische Korrelation der Bereiche Grammatik und Sexualität spielt schon bei Alanus ab Insulis eine nicht unbedeutende Rolle, vgl. Ziolkowski 1985.

737–740 Der blühende Stab Aarons (Nm 17,23), der brennende und doch nicht verbrennende Dornbusch Mose (Ex 3,2), die Leuchte im Tabernakel (Ex 27,20f.), die geschlossene Tempelpforte Ezechiels, durch die Gott eingezogen ist (Ez 11,1f.), die Wurzel Jesse (Is 11,1–10), das betaute Vlies Gideons (Idc 6,37f.), der Thron Salomos (III Rg 10,18–20) und die Bundeslade (Ex 25,10–22) galten dem Mittelalter als typologische Vorausdeutungen auf die jungfräuliche Gottesmutter (vgl. Salzer 1967, zusammenfassend S. 112–120). Ähnlich konnte die Überwindung Goliaths durch David mittels Steinschleuder (I Sm 17,49f.) als Überwindung des Teufels durch Christus mittels der Jungfrauengeburt gedeutet werden (vgl. Salzer 1967, S. 488).

755f. Im Hintergrund steht das Bild vom Schiff der Seele, das in den vom Teufel beherrschten Fluten der Sünde Schiffbruch zu erleiden droht (vgl. dazu Rahner 1964, S. 301f.). Nicht zuletzt aufgrund der klanglichen Nähe ihres Namens zu lat. *mare* (Pl. *maria*) = Meer erscheint Maria hierbei gern als rettender Meerstern (*maris stella*, vgl. V. 762).

757f. Zu Maria als Fürbitterin vgl. den Kommentar zu V. 767f.

759–764 Die letzten drei Wörter des ersten Beispielhexameters (V. 761) kehren in unveränderter Reihenfolge als Anfangswörter der drei Teilsätze des zweiten Beispieldistichons (V. 763f.) wieder. Außerdem ist hier in vielfältiger Weise die Wiederholungsfigur der *traductio* bzw. *adnominatio* (vgl. die Kommentare zu V. 447f. u. 477f.) wirksam. Beliebt sind insbesondere die Wortspiele mit ‚*mundus* = Welt' und ‚*mundus* = rein' sowie ‚*Maria* = Maria' und ‚*maria* = die Meere' (zur entsprechenden Bildlichkeit vgl. den Kommentar zu V. 755f.).

763f. Angesprochen sind hier die aus dem intimen Verhältnis Marias zu den drei Personen der göttlichen Dreifaltigkeit sich ergebenden Qualitäten: Sie ist die Tochter des Vaters (*potestas*), die Mutter des Sohnes (*sapientia*) und die Braut des Heiligen Geistes (*bonitas*).

765–770 Bei den so genannten *Reciproci* (vgl. Meyer 1905, S. 94) ist jeweils die erste Hälfte des Hexameters mit der zweiten Hälfte des Pentameters identisch.

767f. Marias besondere Fürbittmacht ergibt sich aus ihrem intimen Verhältnis zu den drei Personen der göttlichen Dreifaltigkeit, vgl. den Kommentar zu V. 763f. Zur hier anklingenden Eva-Maria-Typologie vgl. den Kommentar zu V. 289–292.

769f. Zur Bildlichkeit vgl. den Kommentar zu V. 755f.

771–774 Bei den so genannten *Retrogradi* (vgl. Meyer 1905, S. 94) ist das zweite Distichon mit dem wortweise rückwärts gelesenen ersten Distichon identisch. Zur zugrundeliegenden Palindromtechnik vgl. Ernst 2009, S. 35–38.

774 Mit Sedgwick 1927, S. 342, lese ich statt *metrum* (Versmaß) *retro* (rückwärts).

775–801 Die von Eberhard präsentierten gereimten Hexameter weisen in der Regel mindestens zwei Binnenreime auf, die meistens auf dem zweiten und dem vierten Versfuß liegen. Schließen die Binnenreime jeweils mit einer Zäsur innerhalb des Versfußes ab, spricht man von *Trinini Salientes* (Terminologie hier und im Folgenden nach Meyer 1905, S. 85–93). Die Binnenreime können dann entweder trochäisch (V. 778f.) oder endbetont-spondeisch (V. 784f.) oder jambisch (V. 796f.) sein. Schließen die Binnenreime dagegen mit dem Versfuß ab, spricht man von *Tripertiti*. Die Binnenreime können dann entweder anfangsbetont-spondeisch oder daktylisch sein. Im ersten Fall spricht man von *Adonici*, die Eberhard mit variierendem Reimschema durchspielt: aab:ccb (V. 790f.), abc:abc (V. 792f.) und aaa:bbb (V. 794f.). Im zweiten Fall spricht man von *Tripertiti dactyli*. Fällt bei diesen das Ende nicht nur des zweiten und des vierten, sondern auch des ersten und des dritten Versfußes mit dem Wortende zusammen, spricht man von *Tripertiti dactyli disiuncti* (V. 780f.), im anderen Fall von *Tripertiti dactyli neutri* (V. 782f.). Bei ersteren können zwei zusätzliche Binnenreime auf dem ersten und dem dritten Versfuß eingeführt werden, was Eberhard mit variierendem Reimschema durchspielt: ababc:dedec (V. 786f.) und aabbc: ddeec (V. 788f.). Eine Ausnahme bilden die anfangsbetont-spondeisch reimenden *Citocadi*, die nur *einen* Binnenreim auf dem dritten Versfuß aufweisen (V. 798f.), und die trochäisch reimenden *Bicipites*, die *drei* Binnenreime auf dem ersten, zweiten und fünften Versfuß aufweisen, so dass insgesamt Anfang und Ende eines jeden Verses durch Reim markiert sind (V. 800f.).

780 Ab hier ist die Verszählung bei Faral um einen Vers nach oben verrutscht. Ich streiche deshalb die Versnummer 779.

784f. Angesprochen ist jetzt der sündige Mensch, der sich, um dem Zorn Gottes zu entgehen, der barmherzigen Gottesmutter zuwenden soll. Die von Meyer 1905, S. 88, vorgenommenen Umstellungen *sit* [bzw. *fit*] *pax mentis* (statt *mentis sit pax*) und *matris patrem* (statt *patrem matris*) haben den Charme, dass der zweite Binnenreim – wie auch sonst üblich – auf den vierten Versfuß zu liegen kommt, sind aber reimtechnisch nicht notwendig.

786, 788 Schon den Kirchenvätern Ambrosius (339–397) und Hieronymus (347–420) galt nicht nur Joseph, sondern auch Maria als Nachkomme des Königs David, vgl. Schreiner 1994, S. 305f.

790, 792 Die Weinrebe und die Honigwabe sind traditionelle Bilder für Maria (vgl. Salzer 1967, S. 39f. u. 488–492).

793 Camena (= die Muse) kann auch metonymisch für das Gedicht stehen, vgl. aber V. 1f.

798 Mit Meyer 1905, S. 85, lese ich aus reimtechnischen Gründen nicht *illae sunt*, sondern *sunt illae*.

799 Angesprochen ist hier die Himmelskönigin Maria, vgl. auch V. 805.

802–805 Bei den so genannten *In se recurrentes* (vgl. Meyer 1905, S. 93f.) nimmt die zweite Vershälfte jeweils unter Vertauschung der Wörter bzw. Wortpaare die erste wieder auf.

806–810   Bei den so genannten *Decisi* (vgl. Meyer 1905, S. 91f.) werden jeweils nur die letzten beiden Silben der betreffenden, in der Regel mindestens dreisilbigen Wörter wiederholt, wobei die Wiederholung mit einer größeren oder kleineren Bedeutungsänderung einhergeht. Von der Wiederholung betroffen sind jeweils die letzten beiden Silben vor der männlichen Zäsur des dritten Versfußes und die beiden Folgesilben sowie die letzten beiden Silben eines Verses und die ersten beiden Silben des Folgeverses.

810   Die Rose (*rosa*) ist ein traditionelles Bild für Maria. Das wortspielerische Attribut ,nicht benagt' (*non rosa*) dürfte auf die Jungfräulichkeit der Gottesmutter zu beziehen sein.

811–816   Bei den so genannten *Reticulati*, die als eine Unterart des Proteusverses gelten können (vgl. Liede ²1992, Bd. 2, S. 160f.), sind die Wörter so angeordnet, dass sich das Gedicht sowohl zeilenweise horizontal von links nach rechts (d. h. in gewöhnlicher Leserichtung) als auch wortweise vertikal von oben nach unten lesen lässt.

817–834   Abschließend bringt Eberhard acht Anweisungen zur Fehlervermeidung. Die Anweisungen Nr. 1–3, die die Metrik im engeren Sinn betreffen, übernimmt er von Matthäus von Vendôme, *Ars versificatoria*, 4,34–39: Ein Distichon sollte auch auf syntaktisch-semantischer Ebene eine Einheit bilden (V. 819f.); beim Hexameter sollte kein einsilbiges – und, wie Eberhard gegenüber Matthäus ergänzt, auch kein fünfsilbiges – Wort am Ende stehen (V. 821f.); beim Pentameter sollte stets ein zweisilbiges Wort den Abschluss bilden (V. 823f.). Die Anweisungen Nr. 4–7, die allgemeinerer Natur sind, übernimmt Eberhard wohl von Galfrid von Vinsauf, *Poetria nova*, V. 1928–1944 (vgl. auch *Rhetorica ad Herennium*, 4,18): Vermeidung von Vokalballung und Hiat (V. 825f.); Vermeidung einer übertriebenen Wiederholung ein und desselben (konsonantischen) Lauts (V. 827f.), ein und desselben Worts (V. 829f.) oder ein und derselben Endung (V. 831f.). Die achte Anweisung – Vermeidung eines obskuren, unverständlichen Gebrauchs der Tropen (V. 833f.) – dürfte sich ebenfalls Galfrid, *Poetria nova*, V. 1066–1078 verdanken.

834   Erst hier endet die Rede der Poesis, vgl. den Kommentar zu V. 268.

835–990   Mit dem Auftritt Elegias und ihrer Rede, die thematisch an die Rede der Grammatica anknüpft, nimmt Eberhard den allegorischen Rahmen seiner Dichtungslehre wieder auf und führt ihn zu einem Ende. Nach Kosmologie und Wissensordnung (vgl. die Kommentare zu V. 1–22 und V. 267f.) geht es nun verstärkt um die gesellschaftliche Verortung der Dichtkunst im Bereich der Schule.

835f.   Mit seiner Schreibweise *laborintus* bzw. *laborinti* folgt Eberhard der im Mittelalter gängigen Etymologie, wonach das Labyrinth so heiße, weil niemand daraus ,entrinnen' (*labi*, 1. Sg. Ind. Präs. *labor*) könne und es ,innen Arbeit' (*labor intus*) enthalte (vgl. Worstbrock 1980, Sp. 275; zum entsprechenden Wortspiel vgl. auch schon V. 363f.). Als so verstandenes Labyrinth erscheint bei Eberhard die Schule.

837f. Vgl. den Kommentar zu V. 8.

840–856 Seit dem 11. Jahrhundert hatte es sich eingebürgert, dass die den kirchlichen Schulen vorstehenden Kanoniker (vgl. den Kommentar zu V. 319f.) für die Erteilung der Lehrerlaubnis (*licentia docendi*) Gebühren erhoben. Trotz mehrerer päpstlicher Verbote im Zuge des Kampfs gegen die Simonie (Handel mit geistlichen Dingen, vgl. den Kommentar zu V. 279–282) im Verlauf des 12. Jahrhunderts – so am einschneidendsten auf dem Dritten Laterankonzil von 1179 – scheint sich die besagte Praxis teilweise noch länger – im Fall der gerade im Entstehen begriffenen Pariser Universität bis ins Jahr 1212 – gehalten zu haben, vgl. Post 1929 u. Gabriel 1976, bes. S. 119f.

846 Zum Tod des Simon Magus vgl. den Kommentar zu V. 279–282.

860 Die Apokope zählt zu den Metaplasmen, d. h. den dichterisch lizensierten Regelverstößen (vgl. Kommentar zu V. 191f.). Es handelt sich um die Wegnahme (wörtlich das ‚Abhauen‘) eines oder mehrerer Laute am Wortende – ähnlich wie der Vater dem Lehrer am Ende den Lohn abschlägt.

869f. Es handelt sich hier um einen nicht ins Metrum passenden Zusatz von späterer Hand mit offenbar skalierender Funktion: Die im Folgenden zu behandelnden Schüler sind schlimm, die Gebühren für die Lehrerlaubnis schlimmer, die zahlungsunwilligen Eltern am schlimmsten.

871–938 Die Passage erinnert an die Behandlung der Laster bei Alanus ab Insulis, *De Planctu Naturae*, bes. 14,2f. (zu verschiedenen Erscheinungsformen der *superbia*). In der Tat lassen sich in Eberhards Beschreibung sämtliche der sieben Hauptsünden wiedererkennen, so zunächst – eher punktuell – *avaritia* = Habgier, *gula* = Völlerei und *luxuria* = Wollust (V. 871–882), dann *ira* = Zorn (V. 883–890), *invidia* = Missgunst (V. 891–900) und *superbia* = Hochmut (V. 901–914). Die in den Versen 915–938 behandelte Lernunwilligkeit bzw. Lernunfähigkeit schließlich wird man zumindest teilweise der *acedia* = Trägheit zuschlagen dürfen, wobei Eberhard – wohl in Anlehnung an die Temperamentenlehre – noch einmal zwischen den Stumpfen (V. 915–920, vgl. den mit der Erde als dem schwersten der vier Elemente assoziierten Melancholiker), den Vergesslichen (V. 921–924, vgl. den mit dem Element des Wassers assoziierten Phlegmatiker), den Unsteten (V. 925–928, vgl. den mit dem Feuer als dem leichtesten der vier Elemente assoziierten Choleriker) und den Wechselhaften (929–932, vgl. den mit dem Element der Luft assoziierten Sanguiniker) unterscheidet, bevor er zu einer allgemeinen Charakteristik übergeht (V. 933–938).

876   In seiner Ausgabe führt Faral eine Glosse an, der zufolge der Spielreif als vornehmer, das Ballspiel dagegen als ordinärer galt.

879–882   Gespielt wird hier mit der lautlichen Ähnlichkeit von *puer* (Knabe) und *purus* (rein). In Eberhards Neologismus *depuerare* (zu *devirginare* = entjungfern) dürfte außerdem der Vorwurf der Homosexualität mitschwingen.

901–906   Hier klingt die Vorstellung vom Hochmut (*superbia*) als der Mutter der Missgunst (*invidia*) an, die ihrerseits als Mutter weiterer Übel wie Verrat, Verleumdung und (Bruder-)Mord fungiert, vgl. z. B. Petrus Cantor (gest. 1197), *Verbum abbreviatum, Textus prior*, 7,276–8,1; 8,70f., 8,91f.; 9,1f. Mitzudenken sind bei alldem der Sturz Luzifers, der Sündenfall, der Mord Kains an Abel und die Kreuzigung. Zu V. 903 vgl. außerdem den im 12. Jahrhundert entstandenen *Facetus Cum nihil utilius*, Nr. 157: *Si tibi copia vel sapientia formaque detur, / sola superbia destruit omnia, si comitetur* („Wenn dir Reichtum, Weisheit und Schönheit verliehen werden, zerstört der Hochmut ganz alleine alles, wenn er sich hinzugesellt").

913   Mit Carlson 1930, S. 63, Anm. 46, lese ich statt *vergis* (du neigst) *virgis* (durch Ruten).

917   Mit Sedgwick 1927, S. 342, lese ich statt *intus* (innen) *incus* (Amboss).

929   Proteus: griechischer Meeresgott, der für seine Wandlungsfähigkeit berühmt war.

939f.   Gemeint sind die zehn indisch-arabischen Zahlzeichen einschließlich der Null, die über die im 12. Jahrhundert entstandene, unter dem Namen *Algorismus* kursierende lateinische Übersetzung des um 825 entstandenen Rechenbuchs von al-Hwārizmī (*De numero Indorum*) auch im Westen zunehmend Verbreitung fanden.

941f.   Die Ankündigung wundert ein wenig, war es doch auch schon bisher um die Arbeit des Lehrers gegangen. Vielleicht ist gemeint, dass nach einer Behandlung der allgemeineren Rahmenbedingungen – Lehrerlaubnis, Lohn und lasterhafte Schüler – nun verstärkt die Person des Lehrers selbst in den Fokus rückt, angefangen bei der Ausbildung (V. 943–950) über den Unterricht (V. 951–964) und zu verhängende Strafen (V. 965–980) bis hin zur Konkurrenz durch Pseudo-Gelehrte (V. 981–988).

943–950   Eine satirische Beschreibung der Verhältnisse an der eben im Entstehen begriffenen Pariser Universität, insbesondere des ärmlichen Lebens der Scholaren, liefert Johannes von Hauvilla in seinem *Architrenius* (2, V. 481 – 4, V. 8). Der bildungsgeschichtliche Gegensatz zwischen Paris und Orléans ist präzise eingefangen, wenn Henri d'Andeli in seinem nach 1236 entstandenen allegorischen Gedicht *La Bataille des sept arts* die in Orléans gepflegten *Auctores* unter Führung der Grammatik gegen die Pariser Fakultäten unter Führung der Logik antreten lässt (vgl. Stolz 2004, S. 47–49). Dem zukunftsträchtigeren Modell „Paris" entspricht bei Eberhard ganz offensichtlich der Katalog der nicht gelesenen Bücher im Traum der Mutter (vgl. den Kommentar zu V. 43–60), dem altmodischeren, auch das Verfassen eigener Verse mit einschließenden Modell „Orléans" dagegen der Katalog der zur Lektüre und Nachahmung empfohlenen *Auctores*, den Eberhard seiner Poesis in den Mund legt.

948 Helikon: Berg der Musen.

961f. Vgl. auch den Epilog V. 1015. Die Metapher des Arbeitens mit der Feile für das (ja auch im heutigen Deutschen noch so benannte) ‚Ausfeilen' der Verse ist weit verbreitet, *locus classicus* ist Horaz, *Ars poetica*, V. 291. Das Adjektiv *versiculosus* ist eine Neubildung Eberhards (als Attribut zu *lues* = ‚Seuche, Pest' wohl mit Anklang an *periculosus* = „gefährlich").

965f. Der Streit um Ziegenwolle (nach Horaz, *Epistulae*, 1,18, V. 15) steht sprichwörtlich für den Streit um eine Bagatelle.

979–988 Vgl. den Kommentar zu V. 111.

986 Hier scheint das Problem der Bestechlichkeit der die *licentia docendi* verleihenden Kanoniker (vgl. den Kommentar zu V. 840–856) angesprochen zu sein.

987f. Im *Architrenius* des Johannes von Hauvilla macht auf dem Hügel der Anmaßung die Weihe dem Adler, der Rabe dem Schwan, die Gans der griechischen Lyra und der Uhu samt Krähe dem Falken Konkurrenz (5, V. 6–11), ferner begegnet auch hier der Affe bzw. Nach-äffer der menschlichen Natur (5, V. 13, vgl. *Laborintus* V. 984).

990 Vgl. den Kommentar zu V. 8.

991–1017 Sowohl inhaltlich als auch formal gibt sich Eberhards Teil zur rhythmischen Dichtung als eine Art Anhang zu erkennen: inhaltlich insofern, als er nicht mehr in die allegorische Rahmenhandlung mit eingebunden ist; formal insofern, als die erläuternden Passagen nicht länger in elegischen Distichen, sondern – wie etwa auch Galfrids *Poetria nova* – in reinen Hexametern gehalten sind. Was das Programm angeht, sind signifikante Übereinstimmungen mit dem Rhythmikteil der um ca. 1234 entstandenen *Parisiana Poetria* des Johannes von Garlandia (vgl. 7,467–1356) zu konstatieren.

994–1003 Die zahlenmäßige Bindung der rhythmischen Dichtung (V. 994–997) bezieht sich auf die Einheiten des Verses, der Silbe und des Reims (V. 998f.), vgl. Klopsch 1972, S. 35. Im Gegensatz zur metrischen Dichtung unterscheidet die rhythmische Dichtung nicht nach Versfüßen sowie langen und kurzen Silben, sondern lediglich nach der Anzahl der Silben pro Vers sowie – beim Reim – nach betonten und unbetonten Silben. Weiter kann eine Strophe aus hinsichtlich Silbenzahl und Reimart gleichen oder ungleichen Versen bestehen. Entsprechend lässt sich zwischen einfachen und zusammengesetzten Rhythmen unterscheiden (V. 1000–1003). Inhaltlich beziehen sich Eberhards Beispielstrophen für die einfachen Rhythmen auf Maria (Str. 1–9) und das Erlösungswerk Christi (Str. 10–13), die Beispielstrophen für die zusammengesetzten Rhythmen dagegen auf die Verkündigung des Glaubens (Str. 14–27) und die allgemeine Sündhaftigkeit der Welt (Str. 28–36).

1003–1005 + Str. 1–12   Die *einfachen* Rhythmen untergliedert Eberhard in Rhythmen mit spondeischem Reim (Str. 1–6) und Rhythmen mit jambischem Reim (Str. 7–12). Als spondeischen Reim bezeichnet man in der metrischen Dichtung die Folge von betonter und unbetonter Silbe, als jambischen Reim dagegen die Folge von unbetonter und betonter Silbe (vgl. Klopsch 1972, S. 35f.). Die Unterscheidung entspricht *in etwa* derjenigen zwischen weiblichem und männlichem Reim, wobei jedoch bei *beiden* Reimarten der Reim mindestens zwei Silben umfasst. Inhaltlich sind Eberhards Beispielstrophen für den spondeischen Reim als Mariengebet gehalten (Str. 1–6), während die Beispielstrophen für den jambischen Reim über die Gottesmutterschaft Marias zum Erlösungswerk Christi überleiten (Str. 7–12).

Str. 1–6   Als erstes Gliederungskriterium innerhalb der einfachen Rhythmen mit *spondeischem* Reim fungiert die Verslänge, die von viersilbig (Str. 1) über sechssilbig (Str. 2) und siebensilbig (Str. 3) bis achtsilbig (Str. 4–6) reicht. Als zweites Gliederungskriterium fungiert die Anzahl unmittelbar aufeinander reimender Verse, die von zwei (Str. 1–4) über drei (Str. 5) bis vier (Str. 6) reicht.

Str. 1,3   Vgl. den Kommentar zu V. 755f.

Str. 3,1   Sophisten: Gruppe griechischer Philosophen des 5. bis 4. Jahrhundert v. Chr., die schon von Platon als lügnerische Wortverdreher hingestellt wurden.

Str. 4,1f.   Der Vorgang der Inkarnation wird häufig mit Metaphern des Einkleidens beschrieben, wobei sowohl Gottvater als auch der Heilige Geist als auch Maria selbst als Textilhandwerker bzw. Kämmerer in Erscheinung treten können, vgl. Keller 2012, S. 148–152.

Str. 5,1   Die Rose ohne Dornen ist ein gängiges Bild für Maria.

Str. 5,2–5   Das traditionelle Bild des *Christus medicus* (Christus als Heiler) wird häufig auf Maria übertragen.

Str. 6,3f.   Zur Eva-Maria-Typologie, die hier anklingt, vgl. den Kommentar zu V. 289–292. Zur Schlange vgl. den Kommentar zu Str. 20,7.

Str. 6,5f. Vgl. den Kommentar zu V. 737–740.

Str. 7–12 Auch innerhalb der einfachen Rhythmen mit *jambischem* Reim fungiert als oberstes Gliederungskriterium die Verslänge, die entweder sieben (Str. 7–9) oder acht Silben (Str. 10–12) beträgt, sowie als Unterkriterium die Anzahl unmittelbar aufeinander reimender Verse, die wiederum von zwei (Str. 7; Str. 10) über drei (Str. 8; Str. 11) bis vier (Str. 9; Str. 12) reicht. Inhaltlich behandelt der Siebensilblerteil die Gottesmutterschaft Marias (Str. 7–9), der Achtsilblerteil dagegen das Erlösungswerk Christi (Str. 10–12).

Str. 7,3 Wie die Rose ist auch die Lilie ein traditionelles Bild für Maria.

Str. 8 Vgl. die Kommentare zu V. 763f. u. 767f.

Str. 10,2 Im engeren Sinn das Volk der Israeliten, im weiteren Sinn alle Nachkommen Adams und Evas. Wirksam ist schon hier das typologische Denkmuster, das dann in Str. 21 weiter entfaltet wird.

Str. 11,1f. Vgl. die auf die bevorstehende Kreuzigung bezogenen Worte Jesu: „Mein Vater, wenn dieser Kelch nicht vorbeigehen kann, außer wenn ich ihn trinke, soll dein Wille geschehen" (Mt 26,42).

Str. 11,2f. Vgl. schon Paulus: „[ ] Christus Jesus [ ], den Gott gegeben hat als Versöhnung durch den Glauben an sein eigenes Blut, zur Offenbarung seiner Gerechtigkeit wegen der Vergebung früherer Vergehen" (Rm 3,24f.).

Str. 12 Hier greift das alte „Motiv der Überlistung des Teufels durch den im ‚Köder' menschlichen Fleisches versteckten Gottessohn", wobei die Vorstellung eine wichtige Rolle spielt, „dass der Satan aufgrund der Sünde über ein Besitzrecht auf die Seele des Menschen verfügt" (Merkt 2015, S. 114). Indem er sich an dem unter dem Kleid des Fleischs verborgenen, gleichwohl aber sündenfreien Gottessohn vergreift, verwirkt der Teufel dieses Besitzrecht. Das vom Blut gerötete Kleid des Fleisches wird damit zum Zeichen des Siegs über den Teufel, das der Auferstandene triumphierend mit sich in den Himmel führt.

Str. 13 Als Besonderheit bringt Eberhard zum Abschluss des Teils über die einfachen Rhythmen so genannte – in diesem Fall spondeisch reimende – *Transformati* oder *Retrogradi*, „in denen eine Verszeile das Wortmaterial der vorausgehenden teilweise (*in parte*) oder ganz (*in toto*) dergestalt unter Veränderung der Wortstellung übernimmt, dass auf diese Weise der Reim für die folgenden Verse oder die folgende Strophe gewonnen wird" (Klopsch 1972, S. 37). Inhaltlich ist diese Strophe dem Lieblingsjünger bzw. Evangelisten bzw. Verfasser der Offenbarung Johannes gewidmet, die dem Mittelalter als ein und dieselbe Person galten. Die Aussage des Johannesevangeliums, der Lieblingsjünger habe während des letzten Abendmahls an der Brust Jesu geruht (Io 13,23–25), wurde hierbei mit der Vorstellung verbunden, Johannes habe bei dieser Gelegenheit aus der Brust Jesu vom lebendigen Quell der Weisheit und der Gnade getrunken, wobei ihm jene Geheimnisse der Trinität und der Inkarnation enthüllt worden seien, die er später in sein Evangelium (z. B. Io 1,14: „Und das Wort ist Fleisch geworden") habe einfließen lassen. Von dieser ersten Vision während des Abendmahls ist eine zweite Vision zu unterscheiden, in der dem nunmehr in der Verbannung auf Patmos lebenden Johannes jene Geheimnisse enthüllt werden, die dann in sein Buch der Offenbarung Eingang finden. Zu beiden Visionen vgl. Volfing 1994, bes. S. 8f. u. 19f. Eberhard spielt in der ersten Terzine (13,1–3) unter zusätzlichem Rückgriff auf Ps 35 (36),9 (*torrente voluptatis*, vgl. dazu Egger 2004, S. 34f.) auf das Abendmahl, in der zweiten Terzine (13,4–6) dagegen auf Patmos an, rückt aber beide Visionen sehr eng aneinander. Die dritte Terzine (13,7–9) dürfte sowohl heilsgeschichtlich auf die Inkarnation (vgl. den Kommentar zu Str. 12) als auch anagogisch auf die von Christus verheißene Auferstehung des Fleisches zu beziehen sein.

V. 1006–1008 + Str. 14–27   Was die *zusammengesetzten* Rhythmen angeht, kombiniert Eberhard in der Regel Verse, die nicht nur hinsichtlich der Silbenzahl, sondern auch hinsichtlich der Reimart (Ausnahme: Str. 25) differieren. Oberstes Gliederungskriterium ist offensichtlich zunächst das Reimschema. So behandelt Eberhard erstens den Kreuzreim (Str. 14f.) einschließlich der Vagantenstrophe mit dem für sie typischen unterbrochenen Kreuzreim (Str. 16), zweitens verschiedene Formen des Schweifreims (Str. 17–24), drittens übrige Reimschemata (Str. 25–27). Was die ersten beiden Gruppen angeht, wird weiter danach unterteilt, ob die Folge der Reimarten spondeisch-jambisch (Kreuzreim: Str. 14; Schweifreim: Str. 17–21) oder jambisch-spondeisch (Kreuzreim: Str. 15f.; Schweifreim: Str. 22–24) ist. Als weiteres Kriterium innerhalb der beiden Untergruppen des Schweifreims zeichnet sich die Anzahl der unmittelbar aufeinander reimenden Verse ab, die einmal mehr von zwei (Str. 17–19, ihrerseits aufsteigend nach Verslänge angeordnet; Str. 22) über drei (Str. 20; Str. 23) bis vier (Str. 21; Str. 24) reicht. Was die verbleibende Gruppe der übrigen Reimschemata angeht, bringt Eberhard zunächst so genannte *Caudati continentes* (Str. 25), bei denen „die Klausel einer Strophe den Reim für die folgende bestimmt" (Klopsch 1972, S. 37), dann paarreimende *Aequicomi* (Str. 26) und schließlich umarmend reimende *Orbiculati* (Str. 27). Inhaltlich sind der Kreuzreimteil sowie die erste Untergruppe des Schweifreimteils dem Heiligen Kreuz gewidmet (Str. 14–21), während sich die zweite Untergruppe des Schweifreimteils mit dem Apostel Petrus beschäftigt (Str. 22–24), bevor im dritten Teil mit je einer Strophe der Apostel Paulus, der Märtyrer Laurentius und der Bekenner Nikolaus folgen (Str. 25–27).

Str. 15,4   Dem todbringenden Baum der Erkenntnis (Sündenfall) wurde als Antitypus gern das Kreuz als heilbringender Baum des Lebens gegenübergestellt.

Str. 16a „und ich war tot, und siehe, ich bin lebendig in alle Ewigkeit und habe die Schlüssel des Todes und der Unterwelt" (Apo 1,18). Die Vorstellung von einer zwischen Kreuzigung und Auferstehung situierten Höllenfahrt Christi, durch die dieser die Seelen der Gerechten seit Adam befreit habe, war im Mittelalter weit verbreitet.

Str. 16b Im Hintergrund steht noch immer das typologische Denkmuster: Während das Essen vom Baum der Erkenntnis zum Ausschluss aus dem Paradies geführt hat, vermag der „Baum des Heils" (auf den sich das die Strophe einleitende Pronomen ja nach wie vor bezieht) das Paradies wieder aufzuschließen.

Str. 17,4 Insbesondere in seiner Funktion als Schlüssel zum Paradies (Str. 16b) konnte das Kreuz als typologische Erfüllung der Himmelsleiter gedeutet werden, die Jakob im Traum erscheint (Gn 28,12; der Christusbezug bereits bei Io 1,51).

Str. 18,1 Die Vorstellung vom Kreuz als Siegeszeichen ist weit verbreitet, vgl. etwa die auf das Kreuz bezogene Verheißung an Konstantin den Großen *In hoc [signo] vinces.*

Str. 19 „Deswegen schickte der Herr gegen das Volk glühende Schlangen aus zu ihrem Schaden und dem Tod sehr vieler. Sie kamen zu Mose und sagten: ‚Wir haben gesündigt, weil wir gegen den Herrn und dich gesprochen haben. Bete, dass er die Schlangen von uns nehme!' Mose betete für das Volk, und der Herr sprach zu ihm: ‚Fertige eine Schlange an und stelle sie als Zeichen auf. Wer, [von den feurigen Schlangen] gebissen, [diese Schlange] ansieht, wird leben.' Also fertigte Mose eine Schlange aus Bronze an und stellte sie als Zeichen auf. Wenn die Gebissenen sie anblickten, wurden sie geheilt" (Nm 21,6–9). Im Anschluss an Io 3,14 wurde die in der Wüste aufgestellte Schlange gern als Präfiguration des am Kreuz erhöhten Menschensohns gedeutet, der das Heilmittel gegen die Einflüsterungen der Schlange und den daraus resultierenden Sündenfall bereithält.

Str. 19,5 Mit Sedgwick 1927, S. 342, lese ich statt *cultos [...] divinos* (verehrte Göttliche) *cultus [...] divinos* (Gottesdienste).

Str. 20,7 „Und der Herr, Gott, sagte zur Schlange: ‚[...] Ich will Feindschaft zwischen dir und der Frau stiften und zwischen deinem Samen und ihrem Samen. Sie wird deinen Kopf zertreten, und du wirst auf ihre Ferse lauern'" (Gn 3,14f.). Im Mittelalter wurde unter dem Nachwuchs der Frau, d. h. Evas, der Sohn Marias verstanden, der durch seinen Kreuzestod gewissermaßen an der Ferse, d. h. in seiner Menschennatur getroffen wird, dadurch aber den Sieg über den Teufel davonträgt.

Str. 21 In der ersten Strophenhälfte greift zunächst das heilsgeschichtlich-typologische Denkmuster: Wie Moses dem Volk der Israeliten die Gesetzestafeln übergeben hat, so hat der Sohn Gottes der Christenheit das „wahre Gesetz" der Gnade überbracht (vgl. Io 1,17).

In der zweiten Strophenhälfte erfolgt dann die moralisch-anagogische Wendung auf den Menschen und die letzten Dinge: Wie das Volk der Israeliten von Moses durch die Wüste ins gelobte Land geführt worden ist, so möge der Mensch durch ein gottgefälliges Leben ins Himmelreich gelangen.

Str. 22f. „[...] und was schwach ist in der Welt, hat Gott auserwählt, um das Starke zu verwirren" (I Cor 1,27). „Und während er am Meer von Galiläa entlang ging, sah er Simon und dessen Bruder Andreas Netze in das Meer werfen; sie waren nämlich Fischer. Und Jesus sprach zu ihnen: ‚Kommt mir nach, und ich werde bewirken, dass ihr Fischer von Menschen werdet!' Und sofort ließen sie die Netze zurück und folgten ihm" (Mc 1,16–18). „Und er veranlasste, dass zwölf bei ihm seien, und dass er diese aussende, um zu predigen, und er gab ihnen die Macht, Krankheiten zu heilen und Dämonen hinauszuwerfen. Und er gab dem Simon den Namen Petrus" (Mc 3,14–16).

Str. 23,3 Statt des Eigennamens *Maria* ist hier mit Sedgwick 1927, S. 343, *maria* (Meere) zu lesen.

Str. 24 „Noch mehr aber vergrößerte sich die Menge der Männer und Frauen, die an den Herrn glaubten, so dass sie die Kranken auf die Straßen hinaus brachten und sie auf Betten und Bahren hinstellten, damit, wenn Petrus kam, wenigstens sein Schatten einen von ihnen beschattete. Aber eine Menge eilte auch aus den Nachbarstädten Jerusalems herbei, sie brachten Kranke und von unreinen Geistern Geplagte herbei, die alle geheilt wurden" (Act 5,14–16). Zur Auferweckung der toten Jüngerin Tabita vgl. Act 9,36–41.

Str. 25 Der ursprüngliche Pharisäer Saulus von Tarsus (vor 10 – nach 60 n. Chr.) wandelte sich nach einer Jesuserscheinung (vgl. Act 26,14: „und als wir alle auf den Boden gefallen waren, hörte ich eine Stimme, die in hebräischer Sprache zu mir sprach: ‚Saulus, Saulus, was verfolgst du mich? Es ist hart für dich, gegen den Stachel auszuschlagen!'") vom erbitterten Christenverfolger zum erfolgreichen Missionar (vgl. Act 9,22: „[ ] indem er bekräftigte: ‚Dieser ist Christus!'"). Seit seiner ersten Missionsreise wird er in der Apostelgeschichte nicht mehr mit dem hebräischen Namen Saulus, sondern mit dem griechischen bzw. lateinischen Namen Paulus bezeichnet (vgl. Act 13,9). Die Reimlosigkeit des letzten Verses (der damit eine so genannte „Waise" darstellt) unterstreicht auch klanglich die Einzigartigkeit Jesu Christi.

Str. 26 Der heilige Laurentius von Rom (gest. 258 n. Chr.), dessen Name – wahrscheinlich einfach: „der Mann aus Laurentum" – auch als „der Lorbeergeschmückte" gedeutet werden kann, arbeitete als Diakon unter dem später in die Reihe der Päpste eingeordneten römischen Bischof Sixtus II. Nachdem der römische Kaiser Valerian den Bischof hatte enthaupten lassen, forderte er von Laurentius die Herausgabe des Kirchenschatzes. Als dieser den Schatz stattdessen an die Armen und Leidenden verteilte und sich auch sonst als standhaft in seinem Glauben erwies, wurde er der Überlieferung zufolge auf einem über einem Feuer angebrachten Rost zu Tode gefoltert, stellte jedoch durch seine spöttischen Worte noch im Märtyrium seine Überlegenheit unter Beweis.

Str. 27   Der heilige Nikolaus von Myra (3./4. Jahrhundert) wurde der Überlieferung zufolge mit neunzehn Jahren zum Priester geweiht und versah zunächst das Amt eines Abtes, bevor ihn die Gemeinde von Myra (in der heutigen Türkei) zum Bischof wählte. Im Zuge der Christenverfolgung wurde Nikolaus vorübergehend gefangen genommen und gefoltert, womit er der Kirche als Bekenner gilt.

Str. 27,2   Mit Sedgwick 1927, S. 343, lese ich statt *salventur* (mögen sie erlöst werden) *salvemur* (mögen wir erlöst werden).

Str. 28–36   Den Abschluss des Teils zu den zusammengesetzten Rhythmen bildet ein Gedicht in Vagantenstrophen, deren vierte Langzeile jeweils durch einen ins Reimschema passenden, aus den *Auctores* – insbesondere den Satirikern – entlehnten Hexameter ersetzt ist. Diese von Walther von Châtillon erfundene ,Vagantenstrophe mit Auctoritas' ist insbesondere deswegen bemerkenswert, weil sie rhythmische und metrische Dichtung kombiniert (vgl. Klopsch 1972, S. 33). Inhaltlich behandelt Eberhard in diesem abschließenden Gedicht die sieben Hauptsünden. Für die *superbia* = Überheblichkeit als Mutter der übrigen Sünden steht der Sündenfall (Str. 28), in dessen Folge Adam zum Ackerbau (Str. 29) und Eva zum Gebären (Str. 30) verurteilt wird (vgl. Gn 3). Es folgen *luxuria* = Wollust (Str. 31), *gula* = Völlerei (Str. 32), *avaritia* = Habgier (Str. 33), *invidia* = Neid (Str. 34), *ira* = Zorn (Str. 35) und *acedia* = Trägheit (Str. 36).

Str. 28,4   Juvenal, *Satiren*, 6, V. 460.

Str. 29,4   Juvenal, *Satiren*, 6, V. 362.

Str. 30,4   Juvenal, *Satiren*, 6, V. 593.

Str. 31,4   Ekloge des Theodulus, V. 44 (auch schon zitiert bei Matthäus von Vendôme, *Ars versificatoria*, 4,8).

Str. 32,4   Juvenal, *Satiren*, 11, V. 11.

Str. 33,4   Horaz, *Ars poetica*, V. 476.

Str. 34,4   Horaz, *Epistulae*, 1,2, V. 57.

Str. 35,4   Horaz, *Epistulae*, 1,2, V. 15.

Str. 36,4 Johannes von Hauvilla, *Architrenius* 1, V. 7–10 (bei Eberhard zu einem Vers zusammengezogen). Bei Johannes wird der Trägheit dann kontrastiv das eigene dichterische Schaffen gegenübergestellt (1, V. 41ff.). Ein ähnlicher Gedanke scheint bei Eberhard zugrunde zu liegen, der durch die in den unmittelbar folgenden Versen ausdrücklich thematisierte Vollendung seines Werks demonstrativ dem Vorwurf der Prokrastination entgeht.

1009f. Das Bild der Schiffahrt für die Abfassung eines Werks ist topisch, vgl. Curtius [11]1993, S. 138–141, bes. S. 138: „Der Schluss des Ganzen ist das Einlaufen in den Hafen, mit oder ohne Ankerwurf." Besonders nahe steht Eberhard in seiner Formulierung jedoch Alanus ab Insulis, *Anticlaudian* 9, V. 415–417.

1013 Der Begriff der *machina mundi* (Maschine der Welt), der erstmals im 1. Jahrhundert v. Chr. bei Lukrez (*De rerum natura* 5, V. 96) belegt ist, stand im Mittelalter noch „nicht im Zeichen einer mechanistischen Vorstellung des Kosmos, sondern brachte ein ‚zusammengefügtes, in sich stabiles Gebilde‘, eine Art ‚Weltgerüst‘, zum Ausdruck" (Wegmann 2005, S. 92, unter Verweis auf Popplow 1993).

1015 Zum Bild der Feile vgl. den Kommentar zu V. 961f. Die „Feile der Verbesserung" (*lima correctionis*) begegnet in ähnlichem Kontext z. B. auch bei Alanus ab Insulis, *Anticlaudian*, Prosaprolog, Abschnitt 1.

Bibliographie

1. Eberhard der Deutsche, *Laborintus*

Ausgaben

Leyser, Polycarp: Historia poetarum et poematum Medii Aevi decem, post annum nato Christo CCCC, seculorum, Halle 1721, S. 796–854.

Faral, Edmond: Les arts poétiques du XIIᵉ et du XIIIᵉ siècle. Recherches et documents sur la technique littéraire du Moyen Âge, Paris 1924 (Bibliothèque de l'École des Hautes Études, Sciences Historiques et Philologiques 238), wieder Paris 1958, 1962, Nachdr. Genf 1982, S. 336–377 [zugrunde gelegte Ausgabe].

Teilausgaben

Thurot, M. Charles: Document relatif à l'histoire de la poésie latine au Moyen-Âge, in: Comptes rendus des séances de l'Académie des Inscriptions et Belles-Lettres 14 (1870), S. 258–269, hier S. 266–269 [Exempel zur rhythmischen Dichtung].

Mari, Giovanni (Hg.): I trattati medievali di ritmica latina, Mailand 1899, S. 81–90 [Rhythmikteil].

Übersetzungen

Carlson, Evelyn: The *Laborintus* of Eberhard. Rendered into English with Introduction and Notes, Diss. masch., Ithaca/N. Y. 1930 [Übers. ins Englische].

Gacka, Dorota: Eberhard z Bremy, Laborintus, Warschau 2012 (Bibliotheca Litterarum Medii Aevi, Artes – Opera 2) [Übers. ins Polnische].

Teilübersetzungen

Pejenaute Rubio, Francisco: Las tribulaciones de un maestro de escuela medieval vistas desde el *Laborintus* de Eberardo el Almán, in: Archivum, Revista de la Facultad de filología, Universidad de Oviedo 54/55 (2004/05), S. 105–138 [Teilübers. ins Spanische].

2. Sonstige Primärquellen

Die nachfolgende Bibliographie will den Zugang zu den in Eberhards Text und/oder im Kommentar genannten lateinischen und volkssprachigen Primärtexten erleichtern, nach Möglichkeit sowohl im Original als auch in einer modernen Übersetzung. Bevorzugt werden zweisprachige Ausgaben.

Adelard von Bath
Adelard of Bath: Conversations with his Nephew. *On the Same and the Different, Questions on Natural Science*, and *On Birds*, hg. u. übers. v. Charles Burnett, Cambridge [u. a.] 1998.

al-Ḫwārizmī ("Algorismus")
Die älteste lateinische Schrift über das indische Rechnen nach al-Ḫwārizmī, hg., übers. u. komm. v. Menso Folkerts, München 1997 (Bayerische Akademie der Wissenschaften, Philosophisch-Historische Klasse, Abhandlungen, N.F. 113).

Alanus ab Insulis
Alan of Lille: Literary Works, hg. u. übers. v. Winthrop Wetherbee, Cambridge/Mass., London 2013 (Dumbarton Oaks Medieval Library 22).

Alexander von Villedieu
Das *Doctrinale* des Alexander de Villa-Dei, hg. v. Dietrich Reichling, Berlin 1893 (Monumenta Germaniae Paedagogica 12), Nachdr. New York 1974.

Anonymus Neveleti ("Äsop")
The Fables of ‚Walter of England', hg. v. Aaron E. Wright, Toronto 1997 (Toronto Medieval Latin Texts 25).
The Fables of Aesop, in: An English Translation of *Auctores Octo*, A Medieval Reader, übers. v. Ronald E. Pepin, Lewiston, Queenston, Lampeter 1999 (Mediaeval Studies 12), S. 177–212.

Arator
Arator's *On the Acts of the Apostles* (*De Actibus Apostolorum*), hg. u. übers. v. Richard J. Schrader, Atlanta 1987 (Classics in Religious Studies 6).

Augustinus
Aurelius Augustinus: Confessiones. Bekenntnisse. Lateinisch/Deutsch, hg., übers. u. komm. v. Kurt Flasch u. Burkhard Mojsisch, Stuttgart 2009 (RUB 18676).

Avian

Aviani Fabulae, hg. v. Antonius Guaglianone, Turin 1958 (Corpus Scriptorum Latinorum Paravianum 35).

Avian: Fabeln, in: Antike Fabeln in einem Band, übers. v. Johannes Irmscher, 2. Aufl., Berlin, Weimar 1987 (1. Aufl. 1978), S. 405–436.

Bernardus (Magister)

Extraits de manuscrits de la Bibliothèque Royale: Summa dictaminum, hg. v. Baron de Reiffenberg, in: Bulletin de l'Académie Royale des Sciences, des Lettres et des Beaux-Arts de Belgique 9 (1842), Teil 2, S. 272–277, wieder in: Annuaire de la Bibliothèque Royale de Belgique 8 (1847), S. 129–135 [Teiledition].

Ein Briefsteller des zwölften Jahrhunderts, hg. v. Wilhelm Wattenbach, in: Anzeiger für Kunde der deutschen Vorzeit, N.F. 16 (1869), Sp. 189–194 [Teiledition].

Bernardus Silvestris

Bernardus Silvestris: Poetic Works, hg. u. übers. v. Winthrop Wetherbee, Cambridge/Mass., London 2015 (Dumbarton Oaks Medieval Library 38).

Bibel s. Hieronymus

Boethius

Boethius: Trost der Philosophie. Consolatio philosophiae, hg. u. übers. v. Ernst Gegenschatz u. Olof Gigon, 6. Aufl., Düsseldorf, Zürich 2002.

Calcidius

Timaeus. A Calcidio translatus commentarioque instructus, hg. v. J. H. Waszink, London, Leiden 1962 (Plato Latinus, hg. v. Raymond Klibansky, Bd. 4).

Cicero

Cicero: De inventione. Über die Auffindung des Stoffes. De optime genere oratorum. Über die beste Gattung von Rednern. Lateinisch/Deutsch, hg. u. übers. v. Theodor Nüßlein, Düsseldorf, Zürich 1998.

Cicero: De re publica. Vom Staat. Lateinisch/Deutsch, hg. u. übers. v. Michael von Albrecht, Stuttgart 2013 (RUB 18880).

Claudian

Claudian: Der Raub der Proserpina. Lateinisch/Deutsch, übers. v. Anne Friedrich u. Anna Katharina Frings, komm. v. Anne Friedrich, Darmstadt 2009.

Claudien: Oeuvres, hg. u. übers. v. Jean-Louis Charlet, Bde. 2,1 u. 2,2: Poèmes politiques, Paris 2000.

Dares Phrygius
Dares Phrygius: Die Geschichte vom Untergang Trojas, hg. u. übers. v. Robert Sturm, Berlin 2015.

Disticha Catonis
Disticha Catonis, hg. v. Marcus Boas u. Hendrik Johann Botschuyver, Amsterdam 1952.
The Distichs of Cato. Introduction and Text, in: An English Translation of *Auctores Octo*, A Medieval Reader, übers. v. Ronald E. Pepin, Lewiston, Queenston, Lampeter 1999 (Mediaeval Studies 12), S. 5–24.

Dominicus Gundissalinus
Dominicus Gundissalinus: De divisione philosophiae. Über die Einteilung der Philosophie. Lateinisch/Deutsch, hg., übers. u. komm. v. Alexander Fidora u. Dorothée Werner, Freiburg/Br. 2007 (Herders Bibliothek der Philosophie des Mittelalters 11).

Donat
Die *Ars maior* des Aelius Donatus, hg., übers. u. komm. v. Axel Schönberger, Frankfurt a. M. 2009 (Bibliotheca Romanica et Latina 7).
Die *Ars minor* des Aelius Donatus, hg., übers. u. komm. v. Axel Schönberger, Frankfurt a. M. 2008 (Bibliotheca Romanica et Latina 6).

Dunkelmännerbriefe s. Epistolae obscurorum virorum

Eberhard von Béthune
Eberhard von Bethune: Graecismus, hg. v. Johannes Wrobel, Breslau 1887, Nachdr. Hildesheim, Zürich, New York 1987.

Epistolae obscurorum virorum
Epistolae obscurorum virorum, hg. v. Aloys Bömer, Bd. 2: Text, Heidelberg 1924, Nachdr. Aalen 1978.
Dunkelmännerbriefe. Epistolae obscurorum virorum an Magister Ortuin Gratius aus Deventer, übers. v. Karl Riha, Frankfurt a. M. 1991 (Insel Taschenbuch 1297).

Facetus Cum nihil utilius
Der deutsche Facetus, hg. v. Carl Schroeder, Berlin 1911 (Palaestra 86), S. 3–28 (= I. Teil: Das lateinische Original).
Facetus. Introduction and Text, in: An English Translation of *Auctores Octo*, A Medieval Reader, übers. v. Ronald E. Pepin, Lewiston, Queenston, Lampeter 1999 (Mediaeval Studies 12), S. 41–54.

Galfrid von Vinsauf
Galfrid von Vinsauf: Poetria nova, lat. Text u. engl. Übers., in: Ernest Gallo: The *Poetria nova* and its Sources in Early Rhetorical Doctrine, Den Haag, Paris 1971, S. 11–129.
Geoffroi de Vinsauf: Documentum de modo et arte dictandi et versificandi, hg. v. Edmond Faral, in: Edmond Faral: Les arts poétiques du XIIe et du XIIIe siècle. Recherches et documents sur la technique littéraire du Moyen Âge, Paris 1924 (Bibliothèque de l'École des hautes études, sciences historiques et philologiques 238), Nachdr. Paris 1962, S. 263–320.
Geoffrey of Vinsauf: Documentum de modo et arte dictandi et versificandi (Instruction in the Method of Speaking and Versifying), übers. v. Roger Parr, Milwaukee/Wisconsin 1968 (Mediaeval Philosophical Texts in Translation 17).

Gervasius von Melkley
Gervais von Melkley: Ars poetica, hg. v. Hans-Jürgen Gräbener, Münster 1965 (Forschungen zur romanischen Philologie 17).
Gervais of Melkley's Treatise on the Art of Versifying and the Method of Composing in Prose, übers. v. Catherine Yodice Giles, Diss. Rutgers University 1973.

Gottfried von Straßburg
Gottfried von Straßburg: Tristan und Isold, hg. v. Walter Haug u. Manfred Günter Scholz. Mit dem Text des Thomas, hg., übers. u. komm. v. Walter Haug, 2 Bde., Berlin 2011 (Bibliothek des Mittelalters 10 u. 11).

Gottfried von Viterbo
Gottofridus Viterbiensis: Pantheon, sive Universitatis Libri, qui Chronici appellantur, viginti, Basel 1559. Digitalisat der Universitäts- und Landesbibliothek Düsseldorf: http://digital.ub.uni-duesseldorf.de/urn/urn:nbn:de:hbz:061:1-75610 [abgerufen am 13. 02. 2019].

Gratian
Decretum magistri Gratiani, hg. v. Emil Friedberg, Leipzig 1879 (Corpus Iuris Canonici, Teil 1), Nachdr. 1955.
Gratian: The Treatise on Laws (Decretum DD. 1–20), übers. v. Augustine Thompson, O.P. With the Ordinary Gloss, übers. v. James Gordley, Washington 1993 (Studies in Medieval and Early Modern Canon Law 2).

Guido von Arezzo
Guidonis Aretini micrologus, hg. v. Joseph Smits van Waesberghe, Rom 1955 (Corpus Scriptorum de Musica 4).
Hucbald, Guido, and John on Music. Three Medieval Treatises, übers. v. Warren Babb, hg. v. Claude V. Palisca, New Haven, London 1978 (Music Theory Translation Series 3).

Gunther von Pairis
Guntheri Poetae Solimarius (Fragment), in: Gunther der Dichter: Ligurinus, hg. v. Erwin Assmann, Hannover 1987 (MGH 63), S. 497–512.

Henri d'Andeli
The Battle of the Seven Arts. A French Poem by Henri d'Andeli, Trouvère of the Thirteenth Century, hg. u. übers. v. Louis John Paetow, Berkeley 1914.

Hermann von Reichenau
Hermann von Reichenau: Ter terni sunt modi, in: Scriptores ecclesiastici de musica sacra potissimum, hg. v. Martin Gerbert, Bd. 2, St. Blasien 1784, Nachdr. Hildesheim 1963, S. 152f.

Hieronymus
Hieronymus: Biblia Sacra Vulgata. Lateinisch/Deutsch, hg. v. Andreas Beringer, Widu-Wolfgang Ehlers u. Michael Fieger, 5 Bde., Berlin, Boston 2018.

Horaz
Quintus Horatius Flaccus: Sämtliche Werke. Lateinisch/Deutsch, hg. v. Bernhard Kytzler. Verbesserte und aktualisierte Neuausgabe, Stuttgart 2006 (RUB 18466).

Hucbald von Saint-Amand
Hucbald von Saint-Amand: De harmonica institutione, hg. u. übers. v. Andreas Traub, Regensburg 1989 (Beiträge zur Gregorianik 7).

Hugo von St. Viktor
Hugo von Sankt Viktor: Didascalicon. De studio legendi. Studienbuch (lat. Text der Ausg. Buttimer 1939), übers. v. Thilo Offergeld, Freiburg i. Br. [u. a.] 1997 (Fontes Christiani 27).

Hugo von Trimberg
Hugo von Trimberg: Registrum multorum auctorum, in: Karl Langosch: Das *Registrum multorum auctorum* des Hugo von Trimberg. Untersuchungen und kommentierte Textausgabe, Berlin 1942 (Germanische Studien 235), S. 159–258.
Hugh of Trimberg: Registrum multorum auctorum, in: Medieval Grammar and Rhetoric. Language Arts and Literary Theory, AD 300–1475, hg. v. Rita Copeland u. Ineke Sluiter, Oxford 2009, S. 657–669 [Teilübersetzung].

Ilias latina („Homer")
The Latin Iliad, hg., übers. u. komm. v. George A. Kennedy, Fort Collins 1998.

Johannes von Garlandia
The *Parisiana Poetria* of John of Garland, hg., übers. u. komm. v. Traugott Lawler, New Haven, London 1974 (Yale Studies in English 182).

Johannes von Hauvilla
Johannes de Hauvilla: Architrenius, hg. u. übers. v. Winthrop Wetherbee, Cambridge [u. a.] 1994 (Cambridge Medieval Classics 3).

Johannes von Salisbury
Ioannis Saresberiensis Metalogicon, hg. v. J. B. Hall, Turnhout 1991 (Corpus Christianorum, Continuatio Mediaevalis 98).
John of Salisbury: Metalogicon, übers. u. komm. v. J. B. Hall, Turnhout 2013 (Corpus Christianorum in Translation 12).
Ioannis Saresberiensis episcopi Carnotensis Policratici sive de nugis curialium et vestigiis philosophorum libri VIII, hg. v. Clemens C. J. Webb, 2 Bde., London 1909, Nachdr. Frankfurt a. M. 1965.
John of Salisbury: Policraticus. Of the Frivolities of Courtiers and the Footprints of Philosophers, übers. v. Cary J. Nederman, Cambridge u. a. 1990 [Teilübersetzung].
Johannes von Salisbury: Policraticus. Eine Textauswahl. Lateinisch/Deutsch, übers. v. Stefan Seit, Freiburg i. Br. 2008 (Herders Bibliothek der Philosophie des Mittelalters 14) [Teilübersetzung].

Johannes von Tepl
Johannes von Tepl: Der Ackermann. Frühneuhochdeutsch/Neuhochdeutsch, hg., übers. u. komm. v. Christian Kiening, Stuttgart 2000 (RUB 18075).

Johannes von Werdea
Johannes von Werdea: Oratio de beata virgine, in: Reinhard Düchting: Maria im Versbock. Zu einer Oratio des Johannes von Werdea (gest. 1475), in: Philologische Untersuchungen. FS Elfriede Stutz, hg. v. Alfred Ebenbauer, Wien 1984 (Philologica Germanica 7), S. 487–491.

Justinian
Codex Iustinianus, hg. v. Paulus Krüger, 11. Aufl. Berlin 1954 (Corpus Iuris Civilis, Teil 2), Nachdr. Hildesheim 2008.
Annotated Justinian Code, übers. u. komm. v. Fred H. Blume, ²2009: http://www.uwyo.edu/lawlib/blume-justinian/ajc-edition-2/ [abgerufen am 13. 02. 2019].

Juvenal

Juvenal: Satiren. Lateinisch/Deutsch, hg., übers. u. komm. v. Joachim Adamietz, München 1993.

Konrad von Hirsau

Accessus ad auctores – Bernard d'Utrecht – Conrad d'Hirsau: Dialogus super auctores, hg. v. R. B. C. Huygens, Leiden 1970.

A Critical Colloquy: Conrad of Hirsau, in: Medieval Literary Theory and Criticism c. 1100 – c. 1375. The Commentary-Tradition, hg. v. A. J. Minnis and A. B. Scott, Oxford 1988, S. 37–64 [Teilübersetzung].

Lukan

M. Annaeus Lucanus: De bello civili. Der Bürgerkrieg. Lateinisch/Deutsch, hg. u. übers. v. Georg Luck, Stuttgart 2009 (RUB 18511).

Lukrez

Titus Lucretius Carus: De rerum natura. Welt aus Atomen. Lateinisch/Deutsch, hg. u. übers. v. Karl Büchner, Stuttgart 1973 (RUB 4257).

Luther, Martin

Luther, Martin: An die Ratherren aller Städte deutsches Lands, daß sie christliche Schulen aufrichten und halten sollen (1524), in: D. Martin Luthers Werke. Kritische Gesamtausgabe, Bd. 15, Weimar 1899, Nachdr. Weimar 1966, S. 9–53.

Macer (Odo von Meung)

Höhepunkte der Klostermedizin. Der *Macer floridus* und das Herbarium des Vitus Auslasser, hg. u. übers. v. Johannes Gottfried Mayer u. Konrad Goehl, Holzminden 2001.

Macrobius

Ambrosius Theodosius Macrobius: Commentarii in somnium Scipionis, hg. v. James Willis, 2. Aufl., Leipzig 1970, Nachdr. Stuttgart, Leipzig 1994.

Macrobius: Commentary on the Dream of Scipio, übers. u. komm. v. William Harris Stahl, New York 1952, Nachdr. New York 1990.

Marbod von Rennes

Marbode of Rennes' De lapidibus. Considered as a Medical Treatise. With Text, Commentary and C. W. King's Translation. Together with Text and Translation of Marbode's Minor Works on Stones, hg. v. John M. Riddle, Wiesbaden 1977 (Sudhoffs Archiv, Beihefte 20).

Martianus Capella

Martianus Capella, hg. v. James Willis, Leipzig 1983.

Martianus Capella: Die Hochzeit der Philologia mit Merkur, übers. u. komm. v. Hans Günter Zekl, Würzburg 2005.

Matthäus von Vendôme

Mathei Vindocinensis Opera, hg. v. Franco Munari, 3 Bde., Rom 1977–1988 (Storia e Litteratura 144, 152, 171).

Matthew of Vendôme: Ars versificatoria (The Art of the Versemaker), übers. v. Roger P. Parr, Milwaukee/Wisconsin 1981 (Mediaeval Philosophical Texts in Translation 22).

Tobias. Introduction and Text, in: An English Translation of *Auctores Octo*, A Medieval Reader, übers. v. Ronald E. Pepin, Lewiston, Queenston, Lampeter 1999 (Mediaeval Studies 12), S. 79–148.

Maximian

Maximian: Elegien, lat. Text u. dt. Übers., in: Wolfgang Christian Schneider: Die elegischen Verse von Maximian. Eine letzte Widerrede gegen die neue christliche Zeit. Mit den Gedichten der Appendix Maximiana und der Imitatio Maximiani. Interpretation, Text und Übersetzung, Stuttgart 2003 (Palingenesia 79), S. 161–232.

Ovid

P. Ovidius Naso: Amores. Liebesgedichte. Lateinisch/Deutsch, hg. u. übers. v. Michael Albrecht, bibliogr. erg. Aufl., Stuttgart 2010 (RUB 1361).

P. Ovidius Naso: Ars amatoria. Liebeskunst. Lateinisch/Deutsch, hg. u. übers. v. Michael von Albrecht, bibliogr. erg. Aufl., Stuttgart 2003 (RUB 357).

P. Ovidius Naso: Heroides. Briefe der Heroinen, hg. u. übers. v. Detlev Hoffmann, Christoph Schliebitz u. Hermann Stocker, Stuttgart 2000 (RUB 1359).

P. Ovidius Naso: Metamorphosen. Lateinisch/Deutsch, hg. u. übers. v. Michael von Albrecht, durchges. u. bibliogr. erg. Aufl., Stuttgart 2012 (RUB 1360).

P. Ovidius Naso: Remedia amoris. Heilmittel gegen die Liebe. Lateinisch/Deutsch, hg. u. übers. v. Niklas Holzberg, Stuttgart 2011 (RUB 18903).

Pamphilus de amore

Pamphilus de amore, in: Franz G. Becker: Pamphilus. Prolegomena zum Pamphilus (de amore) und kritische Textausgabe, Ratingen, Kastellaun, Düsseldorf 1972 (Beihefte zum „Mittellateinischen Jahrbuch" 9), S. 211–313.

Pamphilus, in: Seven Medieval Latin Comedies, übers. v. Alison Goddard Elliott, New York, London 1984 (Garland Library of Medieval Literature 20), S. 1–25.

Persius
Aules Persius Flaccus: Satiren, hg., übers. u. komm. v. Walter Kißel, Heidelberg 1990.

Petrus Cantor
Petri Cantoris Parisiensis Verbum adbreviatum. Textus prior, hg. v. Monique Boutry, Turnhout 2012 (Corpus Christianorum 196 A).

Petrus Riga
Aurora. Petri Rigae Biblia versificata. A Verse Commentary on the Bible, hg. v. Paul E. Beichner, 2 Bde., Notre Dame/Indiana 1965.

Plautus
Titus Maccius Plautus: Amphitruo. Lateinisch/Deutsch, hg. u. übers. v. Jürgen Blänsdorf, durchges. u. bibliogr. erg. Aufl., Stuttgart 2002 (RUB 9931).

Priscian
Priscian: Institutionum grammaticarum libri XVIII, hg. v. Martin Hertz, 2 Bde., Leipzig 1855 u. 1859 (Grammatici Latini 2 u. 3).
Priscians Darstellung der lateinischen Pronomina [Institutiones Grammaticae 12 u. 13], hg. u. übers. v. Axel Schönberger, Frankfurt a. M. 2009.
Priscians Darstellung der lateinischen Präpositionen [Institutiones Grammaticae 14], hg. u. übers. v. Axel Schönberger, Frankfurt a. M. 2008.
Priscians Darstellung der lateinischen Konjunktionen [Institutiones Grammaticae 16], hg. u. übers. v. Axel Schönberger, Frankfurt a. M. 2010.
Priscians Darstellung der lateinischen Syntax (I) [Institutiones Grammaticae 17], hg. u. übers. v. Axel Schönberger, Frankfurt a. M. 2010.
Priscians Darstellung des silbisch gebundenen Tonhöhenmorenakzents des Lateinischen, hg. u. übers. v. Axel Schönberger, Frankfurt a. M. 2010 (Bibliotheca Germanica et Latina 13).

Prosper von Aquitanien
Prosper Aquitanus: Liber epigrammatum, hg. v. Albertus G. A. Horsting, Berlin, Boston 2016 (Corpus Scriptorum Ecclesiasticorum Latinorum 100).
Prosperi Aquitani Opera, Teil 2: Expositio psalmorum. Liber sententiarum, hg. v. P. Callens u. M. Gastaldo, Turnhout 1972 (Corpus Christianorum, Series Latina 68A).

Prudentius
Die Psychomachie des Prudentius. Lateinisch/Deutsch, übers. v. Ursmar Engelmann, Basel, Freiburg/Br., Wien 1959.

Quintilian
Marcus Fabius Quintilianus: Ausbildung des Redners. Zwölf Bücher. Lateinisch/Deutsch, hg. u. übers. v. Helmut Rahn. Einbändige Sonderausgabe, Darmstadt ⁵2011.

Radulfus de Longo Campo
Radulphus de Longo Campo: Distinctiones. Vocabularium semanticum saeculi XII (circa 1190), dictionibus illustratum, hg. v. Jan Sulowski, in: Mediaevalia Philosophica Polonorum 22 (1976), S. 1–203.

Remigius von Auxerre
Remigius: In artem Donati minorem commentum, hg. v. Wilhelm Fox, Leipzig 1902.
Remigius Autissiodorensis: Commentum Einsidlense in Donati Barbarismum, in: Anecdota Helvetica quae ad Grammaticam Latinam Spectant ex Bibliothecis Turicensi Einsidlensi Bernensi, hg. v. Hermann Hagen, Leipzig 1870, S. 267–274.
The missing portions of the *Commentum Einsidlense* on Donatus's *Ars Grammatica*, hg. v. John Peterson Elder, in: Harvard Studies in Classical Philology 56/57 (1947), S. 129–160.

Rhetorica ad Herennium
Rhetorica ad Herennium. Lateinisch/Deutsch, hg. u. übers. v. Theodor Nüßlein, Düsseldorf, Zürich 1995.

Sanguineti, Edoardo
Laborintus di Edoardo Sanguineti, hg. u. komm. v. Erminio Risso, San Cesario di Lecce 2006 (Antifone 18).

Sedulius
Sedulius: The Paschal Song and Hymns, hg., übers. u. komm. v. Carl P. E. Springer, Atlanta 2013 (Writings from the Greco-Roman World 35).

Seneca
Lucius Annaeus Seneca: Epistulae morales ad Lucilium, Bd. 2 [Briefe 76–124], hg. u. übers. v. Rainer Nickel, Düsseldorf 2009.

Sidonius Apollinaris
Sidonius: Poems and Letters, hg. u. übers. v. W. B. Anderson, 2 Bde. London, Cambridge/Mass. 1936, 1965.

Statius
Statius, hg. u. übers. v. J. H. Mozley, 2 Bde., London, New York 1928.

Theodulus

Theoduli eclogam recensuit et prolegomenis instruit Joannes Osternacher, Urfahr 1902 (Jahresbericht des bischöflichen Privat-Gymnasiums am Kollegium Petrinum in Urfahr 5).

The Eclogue of Theodulus. Introduction and Text, in: An English Translation of *Auctores Octo*, A Medieval Reader, übers. v. Ronald E. Pepin, Lewiston, Queenston, Lampeter 1999 (Mediaeval Studies 12), S. 25–40.

Thomas von Aquin

S. Thomae Aquinatis Super Evangelium S. Ioannis Lectura, hg. v. Raffaele Cai, 5., durchges. Aufl., Turin, Rom 1952.

Thomas von Aquins Kommentar zum Johannesevangelium, Teil 1, hg. v. Paul Weingartner, Michael Ernst u. Wolfgang Schöner, Göttingen 2011.

Vergil

P. Vergilius Maro: Aeneis. Lateinisch/Deutsch, hg. u. übers. v. Edith und Gerhard Binder, 6 Bde., Stuttgart 1994–2005 (RUB 9680–9685).

P. Vergilius Maro: Bucolica. Hirtengedichte. Studienausgabe. Lateinisch/Deutsch, hg., übers. u. komm. v. Michael von Albrecht, Stuttgart 2001 (RUB 18133).

P. Vergilius Maro: Georgica. Vom Landbau. Lateinisch/Deutsch, hg. u. übers. v. Otto Schönberger, bibliogr. erg. Aufl., Stuttgart 2010 (RUB 638).

Vitalis von Blois

Der *Geta* des Vitalis von Blois, hg. v. Arnold Paeske, Köln 1976.

Geta by Vitalis of Blois, in: Seven Medieval Latin Comedies, übers. v. Alison Goddard Elliott, New York, London 1984 (Garland Library of Medieval Literature 20), S. 26–49.

Walter von Châtillon

Galteri de Castellione Alexandreis, hg. v. Marvin L. Colker, Padua 1978 (Thesaurus Mundi 17).

Walter von Châtillon: Alexandreis. Das Lied von Alexander dem Großen, übers. u. komm. v. Gerhard Streckenbach, 2., verb. Aufl., Darmstadt 2012.

3. Forschungsliteratur

d'Alverny, Marie-Thérèse: La sagesse et ses sept filles. Recherches sur les allégories de la philosophie et des arts libéraux du IXe au XIIe siècle, in: Mélanges dédiés à la mémoire de Félix Grat, Bd. 1, Paris 1946, S. 245–278.

Baldwin, Charles Sears: Medieval Rhetoric and Poetic (to 1400). Interpreted from Representative Works, New York 1928.

Baldzuhn, Michael: Schulbücher im Trivium des Mittelalters und der Frühen Neuzeit. Die Verschriftlichung von Unterricht in der Text- und Überlieferungsgeschichte der *Fabulae* Avians und der deutschen *Disticha Catonis*, 2 Bde., Berlin, New York 2009 (Quellen und Forschungen zur Literatur- und Kulturgeschichte 44 [278]).

Bezner, Frank: Wissensmythen. Lateinische Literatur und Rationalisierung im 12. Jahrhundert, in: Reflexion und Inszenierung von Rationalität in der mittelalterlichen Literatur. Blaubeurer Kolloquium 2006, hg. v. Klaus Ridder, Berlin 2008 (Wolfram-Studien 20), S. 41–71.

Boas, Marcus: De librorum Catonianorum historia atque compositione, in: Mnemosyne 42 (1914), S. 17–46

Bourgain, Pascale: Le vocabulaire de la poésie rythmique, in: Archivum Latinitatis Medii Aevi 51 (1992/93), S. 139–193.

Brandmeyer, Klaus: Rhetorisches im *ackerman*. Untersuchungen zum Einfluß der Rhetorik und Poetik des Mittelalters auf die literarische Technik Johanns von Tepl, Hamburg 1970.

Brink, Charles O.: Horace on Poetry. The *Ars poetica*, Cambridge 1971.

Brunhölzl, Franz: Art. ‚Eberhard von Bremen (Everardus Alemannus)‘, in: Die deutsche Literatur des Mittelalters, hg. v. Karl Langosch, Bd. 5: Nachträge, Berlin 1955, S. 159.

Brunhölzl, Franz: Art. ‚Eberhard von Bremen (Everardus Alemannus)‘, in: Neue deutsche Biographie, hg. v. der historischen Kommission bei der Bayerischen Akademie der Wissenschaften, Bd. 4, Berlin 1959, S. 238.

de Bruyne, Edgar: Études d'ésthétique médiévale, Bd. 2: L'époque romane, Brügge 1946, Nachdr. Genf 1975.

Burrichter, Brigitte: Erzählte Labyrinthe und labyrinthisches Erzählen. Romanische Literatur des Mittelalters und der Renaissance, Köln, Weimar, Wien 2003 (Pictura et Poesis 18).

Cestaro, Gary P.: Dante, Boncompagno da Signa, Eberhard the German, and the Rhetoric of the Maternal Body, in: The Rhetoric Canon, hg. v. Brenda Deen Schildgen, Detroit 1997, S. 175–197.

Cizek, Alexandru: *Docere et delectare*. Zur Eigenart der *versus differentiales* im *Novus Grecismus* Konrads von Mure, in: Dichten als Stoff-Vermittlung. Formen, Ziele, Wirkungen. Beiträge zur Praxis der Versifikation lateinischer Texte im Mittelalter, hg. v. Peter Stotz, Zürich 2008 (Medienwandel – Medienwechsel – Medienwissen 5), S. 191–212.

Copeland, Rita: Producing the Lector, in: SPELL 25 (2011), S. 231–249.

Cullin, Olivier: Laborintus. Essais sur la musique au Moyen Âge, Paris 2004.

Curtius, Ernst Robert: Europäische Literatur und lateinisches Mittelalter, 11. Aufl., Tübingen, Basel 1993 [1. Aufl. 1948].

Daunou, M.: Évrard de Béthune, in: Histoire littéraire de la France. Commencé par des religieux Bénédictins de la congrégation de Saint-Maur, et continué par des membres de l'Institut (Académie Royale des Inscriptions et Belles-Lettres), Bd. 17: Suite du treizième siècle jusqu'à l'an 1226, Paris 1832, S. 129–139.

Döpp, Siegmar: Narrative Metalepsen und andere Illusionsdurchbrechungen. Das spätantike Beispiel Martianus Capella, in: Millennium-Jahrbuch 6 (2009), S. 203–221.

Dronke, Peter: The Spell of Calcidius. Platonic Concepts and Images in the Medieval West, Florenz 2008.

Düchting, Reinhard: Maria im Versbock. Zu einer Oratio des Johannes von Werdea (gest. 1475), in: Philologische Untersuchungen. FS Elfriede Stutz, hg. v. Alfred Ebenbauer, Wien 1984 (Philologica Germanica 7), S. 487–491.

Düchting, Reinhard: Art. ,Eberhard der Deutsche (Alemannus)', in: Lexikon des Mittelalters, Bd. 3, München 1986, Sp. 1523f.

Egger, Christoph: The Growling of the Lion and the Humming of the Fly. Gregory the Great and Innocent III, in: Pope, Church and City. FS Brenda M. Bolton, hg. v. Frances Andrews, Christoph Egger u. Constance M. Rousseau, Leiden, Boston 2004 (The Medieval Mediterranean 56), S. 13–46.

Engelhardt, George John: Mediaeval Vestiges in the Rhetoric of Erasmus, in: PMLA 63 (1948), S. 739–744.

Ernst, Ulrich (Hg.): Laborintus litteratus. FS Dietrich Weber, Wuppertal 1995 (Wuppertaler Broschüren zur allgemeinen Literaturwissenschaft 7).

Ernst, Ulrich: Permutation als Prinzip in der Lyrik, in: Poetica 24 (1992), S. 225–269, wieder in: Ulrich Ernst.: Manier als Experiment in der europäischen Literatur. Aleatorik und Sprachmagie. Tektonismus und Ikonizität. Zugriffe auf innovatorische Potentiale in Lyrik und Roman, Heidelberg 2009 (Neues Forum für allgemeine und vergleichende Literaturwissenschaft 39), S. 29–75 [zit.].

Faral, Edmond: Les arts poétiques du XIIe et du XIIIe siècle. Recherches et documents sur la technique littéraire du Moyen Âge, Paris 1924 (Bibliothèque de l'École des hautes études, sciences historiques et philologiques 238), Nachdr. Paris 1962.

Francke, Kuno: Zur Geschichte der lateinischen Schulpoesie des XII. und XIII. Jahrhunderts, München 1879, Nachdr. Hildesheim 1968.

Frenz, Dietmar: Kunstvolles Schmähen. Frühe toskanische Dichtung und mittellateinische Poetik, Tübingen 2006 (Beihefte zur Zeitschrift für romanische Philologie 333).

Freytag, Hartmut: Die Theorie der allegorischen Schriftdeutung und die Allegorie in deutschen Texten besonders des 11. und 12. Jahrhunderts, Bern, München 1982 (Bibliotheca Germanica 24).

Gabriel, Astrik L.: The Conflict between the Chancellor and the University of Masters and Students at Paris during the Middle Ages, in: Die Auseinandersetzungen an der Pariser Universität im XIII. Jahrhundert, hg. v. Albert Zimmermann, Berlin, New York 1976 (Miscellanea Mediaevalia 10), S. 106–154.

Gallick, Susan: The Continuity of the Rhetorical Tradition. Manuscript to Incunabulum, in: Manuscripta 23 (1979), S. 31–47.

Godman, Peter: Opus consummatum, omnium artium ... imago. From Bernard of Chartres to John of Hauvilla, in: ZfdA 124 (1995), S. 26–71.

Haendler, Gert: Die Rolle des Papsttums in der Kirchengeschichte bis 1200. Ein Überblick und achtzehn Untersuchungen, Göttingen 1993.

Hand, Vivienne: Laborintus II. A Neo-Avant-Garde Celebration of Dante, in: Italien Studies 53 (1998), S. 122–149.

Haye, Thomas: Päpste und Poeten. Die mittelalterliche Kurie als Objekt und Förderer panegyrischer Dichtung, Berlin, New York 2009.

Haye, Thomas: Der *Laborintus* Eberhards des Deutschen. Zur Überlieferung und Rezeption eines spätmittelalterlichen Klassikers, in: Revue d'histoire des textes, N.F. 8 (2013), S. 339–369.

Huber, Christoph: Die personifizierte Natur. Gestalt und Bedeutung im Umkreis des Alanus ab Insulis und seiner Rezeption, in: Bildhafte Rede in Mittelalter und früher Neuzeit. Probleme ihrer Legitimation und ihrer Funktion, hg. v. Wolfgang Harms u. Klaus Speckenbach, Tübingen 1992, S. 151–172.

Hüttig, Albrecht: Macrobius im Mittelalter. Ein Beitrag zur Rezeptionsgeschichte der *Commentarii in Somnium Scipionis*, Frankfurt a. M. 1990 (Freiburger Beiträge zur mittelalterlichen Geschichte 2).

Hunt, Tony: Teaching and Learning Latin in Thirteenth-Century England, 3 Bde., Cambridge 1991.

Jaffe, Samuel Peter: Nicolaus Dybinus' *Declaracio oracionis de beata Dorothea*. Studies and Documents in the History of Late Medieval Rhetoric, Wiesbaden 1974 (Beiträge zur Literatur des XV. bis XVIII. Jahrhunderts 5).

Jansen, Ulrike: *Spuria Macri*. Ein Anhang zu *Macer Floridus, De viribus herbarum*. Einleitung, Übersetzung, Kommentar, Berlin, Boston 2013.

Jeauneau, Édouard: Macrobe, source du platonisme chartrain, in: Studi Medievali 1/1 (1960), S. 3–24.

Kauntze, Mark: Authority and Imitation. A Study of the *Cosmographia* of Bernard Silvestris, Leiden, Boston 2014 (Mittellateinische Studien und Texte 47).

Keller, Hildegard Elisabeth: Fleischmäntel. Textile Analogien in der mittelalterlichen Theologie und der frühneuzeitlichen Medizin, in: Beziehungsreiche Gewebe. Textilien im Mittelalter, hg. v. Kristin Böse u. Silke Tammen, Frankfurt a. M. [u. a.] 2012, S. 139–153.

Kelly, Douglas: The Scope of the Treatment of Composition in the Twelfth- and Thirteenth-Century Arts of Poetry, in: Speculum 41 (1966), S. 261–278.

Kelly, Douglas: The Arts of Poetry and Prose, Turnhout 1991 (Typologie des sources du Moyen Âge occidental 59).

Klauck, Hans-Josef: Die apokryphe Bibel. Ein anderer Zugang zum frühen Christentum, Tübingen 2008 (Tria Corda 4).

Klebs, Elimar: Die Erzählung von Apollonius aus Tyrus. Eine geschichtliche Untersuchung über ihre lateinische Urform und ihre späteren Bearbeitungen, Berlin 1899.

Kleineidam, Erich: Universitas studii Erffordensis. Überblick über die Geschichte der Universität Erfurt, Teil 2: Spätscholastik, Humanismus und Reformation. 1461–1521, 2., erw. Aufl. Leipzig 1992 (Erfurter theologische Studien 22).

Klopsch, Paul: Einführung in die mittellateinische Verslehre, Darmstadt 1972.

Klopsch, Paul: Einführung in die Dichtungslehren des lateinischen Mittelalters, Darmstadt 1980.

Knape, Joachim: Art. ,Mittelalter [Abschnitt A]', in: Historisches Wörterbuch der Rhetorik, hg. v. Gert Ueding, Bd. 5, Tübingen 2001, Sp. 1372–1384,

Knapp, Fritz Peter: Poetik, in: Germania Litteraria Mediaevalis Francigena (GLMF). Handbuch der deutschen und niederländischen mittelalterlichen literarischen Sprache, Formen, Motive, Stoffe und Werke französischer Herkunft (1100 – 1300), hg. v. Geert H. M. Claassens, Fritz Peter Knapp u. René Pérennec, Bd. 1: Die Rezeption lateinischer Wissenschaft, Spiritualität, Bildung und Dichtung aus Frankreich, hg. v. Fritz Peter Knapp, Berlin [u. a.] 2014, S. 217–242.

Krewitt, Ulrich: Metapher und tropische Rede in der Auffassung des Mittelalters, Ratingen, Kastellaun, Wuppertal 1971 (Beihefte zum „Mittellateinischen Jahrbuch" 7).

Lafleur, Richard: Horace and Onomasti Komodein. The Law of Satire, in: Aufstieg und Niedergang der römischen Welt. Geschichte und Kultur Roms im Spiegel der neueren Forschung, hg. v. Hildegard Temporini u. Wolfgang Haase, II: Principat, Bd. 31: Sprache und Literatur, hg. v. Wolfgang Haase, 3. Teilbd., Berlin, New York 1981, S. 1790–1826.

Langosch, Karl: Das Registrum multorum auctorum des Hugo von Trimberg. Untersuchungen und kommentierte Textausgabe, Berlin 1942 (Germanische Studien 235).

Lausberg, Heinrich: Elemente der literarischen Rhetorik. Eine Einführung für Studierende der klassischen, romanischen, englischen und deutschen Philologie, 10. Aufl., München 1990.

Liede, Alfred: Dichtung als Spiel. Studien zur Unsinnspoesie an den Grenzen der Sprache, 2 Bde., 2. Aufl., mit einem Nachtrag Parodie, ergänzender Auswahlbibliographie, Namensregister und einem Vorwort, hg. v. Walter Pape, Berlin, New York 1992 [erste Aufl. Berlin 1963].

Limmer, Rudolf: Bildungszustände und Bildungsideen des 13. Jahrhunderts, München, Berlin 1928.

Lohmeyer, Karl: Ebrard von Béthune. Eine Untersuchung über den Verfasser des Graecismus und Laborintus, in: Romanische Forschungen 11 (1901), S. 412–430.

Lorenz, Sönke: Libri ordinarie legendi. Eine Skizze zum Lehrplan der mitteleuropäischen Artistenfakultät um die Wende vom 14. zum 15. Jahrhundert, in: Argumente und Zeugnisse. Philosophische und historische Beiträge, hg. v. Wolfram Hogrebe, Frankfurt a. M. [u. a.] 1985 (Studia Philosophica et Historica, 5), S. 204–258.

Lutz, Eckart Conrad: Schreiben, Bildung und Gespräch. Mediale Absichten bei Baudri de Bourgueil, Gervasius von Tilbury und Ulrich von Liechtenstein, Berlin, Boston 2013 (Scrinium Friburgense 31).

Manitius, Max: Beiträge zur Geschichte frühchristlicher Dichter im Mittelalter, Wien 1889 (Sitzungsberichte der philologisch-historischen Classe der kaiserlichen Akademie der Wissenschaften 117, Abhandlung XII).

Martos, Josep Lluís: Eberardo el Alemán y la crisis poética, in: Revista de poética medieval 11 (2003), S. 41–52.

Méot-Bourquin, Valérie: La part du maître. Remarques sur le *Laborintus* d'Évrard l'Allemand, in: Perspectives cavalières du Moyen Âge à la Renaissance. FS François Bérier, hg. v. Nicolas Boulic u. Pierre Jourde, Paris 2013 (Rencontres 57; Série ‚Civilisation médiévale‘ 5), S. 19–48.

Merkt, Andreas: 1. Petrus, Bd. 1, Göttingen 2015 (Novum Testamentum Patristicum 21,1).

Meyer, Wilhelm: Radewins Gedicht über Theophilus. Nebst Untersuchungen über die Theophilussage und die Arten der gereimten Hexameter, München 1873, wieder in: Wilhelm Meyer: Gesammelte Abhandlungen zur mittellateinischen Rythmik, Bd. 1, Berlin 1905, S. 59–135 [zit.].

Mölk, Ulrich: Trobar clus, trobar leu. Studien zur Dichtungstheorie der Trobadors, München 1968.

von Moos, Peter: *Lucet Alexander Lucani luce*. Eine *retractatio* zur *Alexandreis* des Walter von Châtillon, in: Mittelalterliche Poetik in Theorie und Praxis. FS Fritz Peter Knapp, hg. v. Thordis Hennings, Manuela Nieser, Christoph Roth u. Christian Schneider, Berlin, New York 2009, S. 39–58.

Murphy, James J.: Rhetoric in the Middle Ages. A History of Rhetorical Theory from Saint Augustine to the Renaissance, Berkeley [u. a.] 1974.

Murphy, James J.: Rhetoric in the Earliest Years of Printing, 1465–1500, in: Quarterly Journal of Speech 70 (1984), S. 1–11.

Murphy, James J.: The Arts of Poetry and Prose, in: The Cambridge History of Literary Criticism, Bd. 2, hg. v. Alastair Minnis u. Ian Johnson, Cambridge [u. a.] 2005, S. 42–67.

Pejenaute Rubio, Francisco: Las tribulaciones de un maestro de escuela medieval vistas desde el *Laborintus* de Eberardo el Almán, in: Archivum, Revista de la Facultad de filología, Universidad de Oviedo 54/55 (2004/05), S. 105–138.

Ponce Hernández, Carolina: El laborintus de la gramática, la retórica y la poética. Everardo el Alemán, un maestro del siglo XIII, in: Conceptos y objetos de la retórica ayer y hoy. FS Paola Vianello de Córdova, hg. v. Gerardo Ramírez Vidal, Mexiko 2008, S. 97–115.

Popplow, Marcus: Die Verwendung von lat. *machina* im Mittelalter und in der Frühen Neuzeit – vom Baugerüst zu Zoncas mechanischem Bratenwender, in: Technikgeschichte 60 (1993), S. 7–26.

Post, Gaines: Alexander III, the *licentia docendi* and the Rise of the Universities, in: Haskins anniversary essays in mediaeval history. FS Charles Homer Haskins, hg. v. Charles H. Taylor u. John L. La Monte, Boston, New York 1929, S. 255–277.

Purcell, William M.: *Transsumptio*. A Rhetorical Doctrine of the Thirteenth Century, in: Rhetorica 5 (1987), S. 369–410.

Purcell, William M.: Eberhard the German and the Labyrinth of Learning. Grammar, Poesy, Rhetoric, and Pedagogy in *Laborintus*, in: Rhetorica 11 (1993), S. 95–118.

Purcell, William M.: Ars poetriae. Rhetorical and Grammatical Invention at the Margin of Literacy, Columbia 1996.

Quadlbauer, Franz: Die antike Theorie der *genera dicendi* im lateinischen Mittelalter, Wien 1962 (Österreichische Akademie der Wissenschaften, philosophisch-historische Klasse, Sitzungsberichte 241,2).

Quadlbauer, Franz: *Purpureus pannus*. Zum Fortwirken eines horazischen Bildes in Spätantike und lateinischem Mittelalter, in: Mittellateinisches Jahrbuch 15 (1980), S. 1–32.

Rahner, Hugo: Symbole der Kirche. Die Ekklesiologie der Väter, Salzburg 1964.

Sachs, Klaus-Jürgen: Musikalische Elementarlehre im Mittelalter, in: Geschichte der Musiktheorie, hg. v. Frieder Zaminer, Bd. 3: Rezeption des antiken Fachs im Mittelalter, Darmstadt 1990, S. 105–161.

Salzer, Anselm: Die Sinnbilder und Beiworte Mariens in der deutschen Literatur und lateinischen Hymnenpoesie des Mittelalters. Mit Berücksichtigung der patristischen Literatur. Eine literar-historische Studie, Darmstadt 1967.

Schaller, Dieter: Zu neueren Arbeiten über die prosimetrische Literatur des Mittelalters, in: Deutsches Archiv für Erforschung des Mittelalters 54 (1998), S. 613–621

Scheel, Otto: Martin Luther. Vom Katholizismus zur Reformation, Bd. 1: Auf der Schule und Universität, 3. durchges. Aufl., Tübingen 1921.

Scheuer, Hans Jürgen: Die Wahrnehmung innerer Bilder im Carmen Buranum 62. Überlegungen zur Vermittlung zwischen mediävistischer Medientheorie und mittelalterlicher Poetik, in: Das Mittelalter 8 (2003), H. 2, S. 121–136.

Schirren, Thomas: Tropen im Rahmen der klassischen Rhetorik, in: Rhetorik und Stilistik. Ein internationales Handbuch historischer und systematischer Forschung = Rhetoric and Stylistics. An International Handbook of Historical and Systematical Research, hg. v. Ulla Fix, Andreas Gardt u. Joachim Knape, Bd. 2, Berlin, New York 2009 (HSK 31.2), S. 1485–1498.

Schreiner, Klaus: Maria. Jungfrau, Mutter, Herrscherin, München, Wien 1994.

Schröder, Bianca-Jeanette: Titel und Text. Zur Entwicklung lateinischer Gedichtüberschriften. Mit Untersuchungen zu lateinischen Buchtiteln, Inhaltsverzeichnissen und anderen Gliederungsmitteln, Berlin, New York 1999 (Untersuchungen zur antiken Literatur und Geschichte 54),

Sedgwick, Walter Bradbury: Notes and Emendations on Faral's *Les arts poétiques du XIIe et du XIIIe siècle*, in: Speculum 2 (1927), S. 331–343.

Sedgwick, Walter Bradbury: The Style and Vocabulary of the Latin Arts of Poetry of the Twelfth and Thirteenth Centuries, in: Speculum 3 (1928), S. 349–381.

Seewald, Martin: Studien zum 9. Buch von Lucans *Bellum Civile*. Mit einem Kommentar zu den Versen 1–733, Berlin, New York 2008 (Göttinger Forum für Altertumswissenschaft, Beihefte, N.F. 2).

von Stackelberg, Jürgen: Das Bienengleichnis. Ein Beitrag zur Geschichte der literarischen *Imitatio*, in: Romanische Forschungen 68 (1956), S. 271–293.

Stolz, Michael: Artes-liberales-Zyklen. Formationen des Wissens im Mittelalter, Bd. 1, Tübingen, Basel 2004 (Bibliotheca Germanica 47).

Stotz, Peter: Dichten als Schulfach. Aspekte mittelalterlicher Schuldichtung, in: Mittellateinisches Jahrbuch 16 (1981), S. 1–16.

Szklenar, Hans: Magister Nicolaus de Dybin, Vorstudien zu einer Edition seiner Schriften. Ein Beitrag zur Geschichte der literarischen Rhetorik im späteren Mittelalter, München 1981 (MTU 65).

Szklenar, Hans: Nicolaus de Dybin als Kommentator des *Laborintus*, in: Philologie als Kulturwissenschaft. Studien zur Literatur und Geschichte des Mittelalters. FS Karl Stackmann, hg. v. Ludger Grenzmann, Hubert Herkommer u. Dieter Wuttke, Göttingen 1987[a], S. 230–241.

Szklenar, Hans: Art. ‚Nikolaus von Dybin‘, in: Die deutsche Literatur des Mittelalters. Verfasserlexikon, 2., völlig neu bearb. Aufl., hg. v. Kurt Ruh, Bd. 6, Berlin, New York 1987[b], Sp. 1062–1068.

Thurot, M. Charles: Notices et extraits de divers manuscrits latins pour servir à l'histoire des doctrines grammaticales au moyen âge, Paris 1868 (Notices et extraits du manuscrits de la Bibliothèque impériale et autres bibliothèques 22,2).

Thurot, M. Charles: Document relatif à l'histoire de la poésie latine au Moyen-Âge, in: Comptes rendus des séances de l'Académie des Inscriptions et Belles-Lettres 14 (1870), S. 258–269.

Traube, Ludwig: Nachrichten, Nr. 152, in: Neues Archiv der Gesellschaft für ältere deutsche Geschichtskunde 27 (1902), S. 326f., wieder in: Ludwig Traube: Vorlesungen und Abhandlungen, hg. v. Franz Boll, Bd. 3: Kleine Schriften, hg. v. Samuel Brandt, München 1920, S. 190f.

Velli, Giuseppe: Petrarca e i poeti cristiani, in: Studi Petrarcheschi, N.F. 6 (1989), S. 171–178.

Vidmanová, Anežka: Laborintus. Latinská literatura středověkých Čech, Prag 1994.

Volfing, Annette: The Autorship of John the Evangelist as Presented in Medieval German Sermons and *Meisterlieder*, in: Oxford German Studies 23 (1994), S. 1–44.

Vollmann, Justin: Kosmopoetologie. Koordinaten der Selbstverortung mittelalterlichen Dichtens, in: Literaturwissenschaftliches Jahrbuch 58 (2017), S. 49–67.

Vollmann, Justin: Präsente Präsente. Zu einer mittelalterlichen Poetologie der Gabe am Beispiel des Marienlobs, in: Ästhetische Reflexionsfiguren in der Vormoderne, hg. v. Annette Gerok-Reiter, Anja Wolkenhauer, Jörg Robert u. Stefanie Gropper, Heidelberg 2019 (GRM-Beiheft 88), S. 241–270.

Wegmann, Milène: Naturwahrnehmung im Mittelalter im Spiegel der lateinischen Historiographie des 12. und 13. Jahrhunderts, Bern [u. a.] 2005 (Lateinische Sprache und Literatur des Mittelalters 40).

Weijers, Olga: Le travail intellectuel à la faculté des arts de Paris. Textes et maîtres (ca. 1200–1500), Bd. 2: Répertoire des noms commençant par C – F, Turnhout 1996 (Studia artistarum 3).

Wenzel, Horst: Hören und Sehen, Schrift und Bild. Kultur und Gedächtnis im Mittelalter, München 1995.

Wollin, Carsten: *Versa est in luctum cythara Waltheri* (CB 123): Das Zeugnis des Radulfus de Longo Campo, in: Studi Medievali 48 (2007,1), S. 307–315.

Woods, Marjorie Curry: An Unfashionable Rhetoric in the Fifteenth Century, in: Quarterly Journal of Speech 75 (1989), S. 312–320.

Worstbrock, Franz Josef: Ein Lucanzitat bei Abaelard und Gotfrid, in: PBB 98 (1976), S. 351–356.

Worstbrock, Franz Josef: Art. ‚Eberhard der Deutsche (Everardus Alemannus, Teutonicus)‘, in: Die deutsche Literatur des Mittelalters. Verfasserlexikon, 2., völlig neu bearb. Aufl., hg. v. Kurt Ruh, Bd. 2, Berlin, New York 1980, Sp. 273–276.

Worstbrock, Franz Josef: Rez. Szklenar 1981, in: PBB 106 (1984), S. 453–461.

Worstbrock, Franz Josef: Art. ‚Stetefeld, Johannes‘, in: Die deutsche Literatur des Mittelalters. Verfasserlexikon, 2., völlig neu bearb. Aufl., hg. v. Burghart Wachinger, Bd. 9, Berlin, New York 1995, Sp. 320–322.

Worstbrock, Franz Josef: Volpertus. Lateinische Schuldichtung im deutschen 14. Jahrhundert, in: Mittellateinisches Jahrbuch 32,1 (1997), S. 105–125.

Worstbrock, Franz Josef: Art. ‚Volpertus‘, in: Die deutsche Literatur des Mittelalters. Verfasserlexikon, 2., völlig neu bearb. Aufl., hg. v. Burghart Wachinger, Bd. 10, Berlin, New York 1999, Sp. 501–506.

Worstbrock, Franz Josef, Monika Klaes, Jutta Lütten: Repertorium der Artes dictandi des Mittelalters. Teil I: Von den Anfängen bis um 1200, München 1992 (Münstersche Mittelalter-Schriften 66).

Ziolkowski, Jan: Alan of Lille's Grammar of Sex. The Meaning of Grammar to a Twelfth-Century Intellectual, Cambridge/Mass. 1985.

Register

1. Autoren

Fett hervorgehoben sind diejenigen Autoren bzw. anonym überlieferten Werke, auf die sich Eberhard explizit bezieht, sowie die betreffenden Verszahlen. Verszahl in eckiger Klammer bedeutet, dass die Bezugnahme nicht über den Autornamen, sondern anderweitig (z. B. Nennung einer Titelfigur) erfolgt. Die Verszahlen beziehen sich auf den lateinischen Text, in der deutschen Übersetzung kann es zu geringfügigen Abweichungen kommen. Ein ‚K' vor der Verszahl bedeutet, dass sich die Angabe auf den Kommentarteil bezieht. Bei mehreren Kommentaren pro Autor bzw. Werk sind diejenigen durch Kursivierung hervorgehoben, die die basalen Informationen (vor allem Lebens- bzw. Entstehungsdaten) enthalten. Ebenfalls mit angegeben sind Nennungen in der Einleitung („Einl." plus Seitenzahl).

2. Sonstige Namen

Mit aufgenommen sind auch die zentralen Personifikationsallegorien, deren Status freilich nicht immer eindeutig ist.[1] Fett hervorgehoben sind die von Eberhard direkt genannten Namen und die entsprechenden Versangaben. Letztere beziehen sich auf den lateinischen Text, in der deutschen Übersetzung kann es zu geringfügigen Abweichungen kommen. Ein ,K' vor der Verszahl bedeutet, dass sich die Angabe auf den Kommentarteil bezieht. Ebenfalls mit angegeben sind Nennungen in der Einleitung („Einl." plus Seitenzahl).

---

[1] Soll man z. B. in den Versen 217 und 573 noch an die personifizierte Natur des Beginns denken?

3. Bibelstellen

Die Angaben beziehen sich sämtlich auf den Kommentarteil (K). Zitiert wird dort nach der neuen lateinisch-deutschen Ausgabe der Vulgata (vgl. das Verzeichnis der Primärquellen unter ‚Hieronymus').

Gn = Genesis (1. Mose) 3: KStr.28–36
3,14f.: KStr.20,7 28,12: KStr.17,4
37,3: K573f. 37,4–11: K575f.
37,12–19: K577f. 37,20–35: K579f.
39: K581f. 41,1–45: K581f. 41,46–57: K583f. 42,1–4: K585–588
43,1f.: K589f. 45,25f.: K589f.
45,27f.: K591f. 46–47,12: K593f.
47,27: K593f.
Ex = Exodus (2. Mose) 3,2: K737–740
25,10–22: K737–740 27,20f.:
K737–740
Nm = Numeri (4. Mose) 17,23: K737–740
21,6–9: KStr.19
Idc = Richter 6,37f.: K737–740
I Sm = 1. Samuel (1. Könige) 17,49f.:
K737–740
III Reg = 3. Könige 10,18–20: K737–740
Ps = Psalmen 35 (36),9: KStr.13 50
(51),3: K389f.
Prv = Sprüche 8,31: K267f.
Is = Isaias 11,1–10: K737–740

Ier = Jeremias 1,5: K13
Ez = Ezechiel 11,1f.: K737–740
Mt = Matthäus-Evangelium 16,18f.:
K279f. 26,42: KStr.11,1f.
Mc = Markus-Evangelium 1,16–18:
KStr.22f. 3,14–16: KStr.22f. 4,1–33:
K146–148
Lc = Lukas-Evangelium 6,39: K195f.
Io = Johannes-Evangelium 1,14: KStr.13
1,17: KStr.21 1,51: KStr.17,4 3,14:
KStr.19 13,23–25: KStr.13 21,15–
17: K331f.
Act = Apostelgeschichte 5,14–16: KStr.24
8,9: K279–282 9,22: KStr.25
9,36–41: KStr.24 13,9: KStr.25
26,14: KStr.25
Rm = Römerbrief 2,19–21: K195f.
3,24f.: KStr.11,2f.
I Cor = 1. Korintherbrief 1,27: KStr.22f.
I Th = 1. Thessalonicherbrief 5,8: K367
Apo = Offenbarung (Apokalypse) 1,18:
KStr.16a

Das Signet des Schwabe Verlags
ist die Druckermarke der 1488 in
Basel gegründeten Offizin Petri,
des Ursprungs des heutigen Verlags-
hauses. Das Signet verweist auf
die Anfänge des Buchdrucks und
stammt aus dem Umkreis von
Hans Holbein. Es illustriert die
Bibelstelle Jeremia 23,29:
«Ist mein Wort nicht wie Feuer,
spricht der Herr, und wie ein
Hammer, der Felsen zerschmeisst ?»